情緒投資

做自己的投資心理教練

20個小資族破解心魔、理性投資的健康理財法

王奕璿 著

目錄

序言

情緒和個性如何影響你的投資決策？

如果你有參與金融市場交易，歷經股災會讓我們和自己的距離更近、更認識自己。怎麼說？網路上流傳一句話：「賺錢不會使人進步。」在多頭市場中，投資客究竟是怎麼買、怎麼賺？在空頭市場，有機會考驗我們對投資壓力的承受度，讓我們更清楚自己適合哪種投資方式。

你是否記得，若干年前踏入銀行開新戶時，即使只想開儲蓄賬戶，但是銀行理專會順便鼓吹你開個有理財功能的戶頭，告訴你將閒置的資金進行投資。那時候，理專會幫你做個很簡單的問卷測試，瞭解你是屬於保守型，或是適合高風險性的投資人。

當年我的朋友也曾在開戶時做過類似的測驗，他說當時的他心不在焉、隨隨便便地回答，他發現自己偏向保守型投資人。然而，事隔多年，在不斷充實自己的理財觀念後，他發現自己的投資及理財模式，幾乎都偏向高風險型投資。是否因為大環境的多頭走了十一年，所以長期多頭的外在環境，改變了他的理財行為，讓他的投資決策越來越冒風險？越來越不周延？

二〇二〇年初，一場不預警的空頭降臨，澆了全世界好幾噸冷水，把地球上過度興奮的投資氣氛，一股腦澆熄。當時，美國道瓊、台股、英國DTSE都處在歷史相對高點，本來全世界期待最高點繼續攀上聖母峰，頓時氣氛結冰。投資人的心被狠狠搥了一拳。當下理財專家也說不準未來的趨勢，蘋果公司更不願意給財報預測。投資者頓失依據，心情不斷被攪動，像坐了雲霄飛車，整天心神不寧，七上八下、忐忑不安。

那時候，有人說還會跌、有人說會反轉、有人還在等著「打第二隻腳」的低點承接。因為外在的環境眾說紛紜，投資者只能傾聽自己內在的聲音。我們身為涉世不深的投資人，反而有機會讓頻繁交易的心安頓下來，思考自己對市場的瞭解程度有多少；釐清自己當初、一開始投資的動機和初心；而這個初心歷經市場波動是否已被遺忘、是否還能堅持。

作者數年來經常以一筆小錢，投入各類金融商品的交易。交易前先做好研究，交易中觀察自己的結果和行為，從實驗過程中探索適合自己的理財方法，記錄自己如何以健康以及長期的觀念理財、投資。透過這本書，作者想分享情緒和行為如何被投資的大環境影響。這本書並不全然歸屬於投資理財書籍，或許更適合當成是投資者的心理保健書。

各個章節內容將以簡潔明瞭的敘述，以及數則經過改編的真實故事，和讀者們討論以下幾個問題：

第一章　以幾則過來人的經驗，讓讀者們回想自己的投資行為；

第二章　本章將提及幾個台灣的投資者共通的非理性行為；

第三章　與讀者探討情緒如何影響投資行為，以及反利用情緒做出正確決定；

第四章 非理性投資行為如何影響我們的生活；

第五章 討論如何從心裡面及行為面破解非理性投資行為；

第六章 作者個人經驗分享。

這本書不企圖提供所謂的「標準答案」「正確說法」，因為每位投資者都有自己的一套理財及投資心法。這本書的目的不是和大家分享買什麼產品可以致富，而是希望透過淺白又本土的經驗分享，幫助大家建立自己健康的投資心態，以及選擇適合自己的資產避險策略。希望大家在空頭市場無預警降臨時，還可以做好情緒管理，不因理智斷線而衝動投資，並且審慎地保護好自己辛苦累積下來的資產，夜晚還可以高枕無憂、白天安心工作、家人依然和睦相處。

本書的完成要感謝許多給我建議、幫我把這本書呈現得更完整的朋友們。這些朋友們來自各行各業，以及不同年齡層，透過朋友們的建議讓我知道該怎麼把內容陳述得更好讀、好懂。謝謝給我機會分享經驗及完成這本書的文經社夥伴們，以及有興趣和我一起探討健康財務行為的讀者們。

CHAPTER 1

你是否是個情緒型投資者?!

投資理財是情緒和知識的變現

我在學生時代認識幾個會讀書又懂投資的同學，我從他們身上學到不少。曾經其中一位同學，把兩者做了有趣的聯想和比喻。那位同學提到，每次準備期末考試的過程和心情都不見得一樣，自認為胸有成竹的拿手科目，甚至已經考前重點猜題，卻有可能猜題方向錯誤，或計算粗心、看錯題目，最後考試分數不符預期。有些時候，考試前擔心又恐懼面對的不擅長科目，因為他謹慎應對，最後的考試成績卻出乎意料的滿意。

同學的比喻有趣也貼近現實，對當時還不大懂投資的其他同學，從他的一言一語中，多多少少揣摩出投資不只是靠專業。市場消息一來、市場一有變化，投資人會產生想法，因為這個想法帶出了心理反應和生理反應，進而做出投資決策，去回應市場變化，或決定靜觀其變。投資人的心理反應就是「情緒」。

就以我的朋友小孟長期存股經驗為例，穿插在二〇二〇年影響股市的新聞不勝枚舉，例如：川普染疫、美國限期中國七十二小時內關閉總領事館、各國新冠肺炎疫情是否好轉……等。小孟預料到股市波動中，他的資金可能會縮水，因此內心產生擔心和害怕的情緒；伴隨生理上產生胸悶及腸胃不適的現象；行為上會做出比平常更保守的投資決定。

小孟最後決定在短時間內賣出手中持股，以避免損失。妙的是，他始終定位自己是個長期存股族，他應該在股價跌到低點時，投入資金逢低買進低檔的打折好股票才對。因此，小孟賣出股票後，突然醒悟到自己做出的投資決策，和所相信的投資理念並不一致：小孟發現面對未知情境產生的情緒，對投資決策的干預力，大過於投資專業知識。

就小孟的情況來看，每種情緒皆可能對投資人發揮警醒的功用，不代表愉快、興奮必然是能帶來投資成功的好情緒。導致投資人過度喜悅的情緒可能招致自滿，最後野心超過自己的財務能力，導致投資失利。

緊張、擔心也不見得會讓投資人失敗，反而投資時精打細算、謹慎計畫，雖然賺得少、資產累積的時間慢，但賠本的危機相較少許多。學習覺察投資過程中的情緒，可提醒自己，假設發生意料之外的變化，我們是否有足夠的能力和計畫，去承擔過程中的變化。

同樣的事情發生在小孟身上，或許小孟可以平常心應對；換成另一個人，即可能引發出不同的情緒。所以，要知道情緒如何影響自己的投資行為、投資。情緒如何影響自己的投資，往往要先增強對自我情緒的覺察，才容易把自我經驗歸納，從這些被歸納的經驗中，形成自己投資時的指引和方向。

每個人對於自己的情緒如何連結及影響到投資成果，或許皆有一套自己的觀察和體會，這種體會，也只有自己最清楚。

情緒型投資者的故事

下面是列舉幾種常見的投資者心態，請自我檢視、反思。以下幾位投資者的故事，他們的情緒如何影響自己的投資決策和生活？

理財專員小沈

身為一名理財專員之前，大學四年我接受了各種艱深的財經知識，以及學習投資技巧。此外，我有大量的投資經驗，讓我有信心掌握金融投資知識，並將其轉化為可實踐的建議，幫助客戶取得財務成功。

不過，我的投資歷史中也有不完美的失敗經驗。在成為理專之前，我犯了一些尷尬的錯誤。盡管每次失敗的歷程都不能複製，但這些失敗經驗化成養分，讓我今天變身成為更專業的理專，直到今天我仍然持續向客戶提醒自己經歷過的慘痛經驗和教訓。

時間回溯到我大專畢業後，第一次試著投資股票。當年，在科技泡沫幻滅之前，我拿了一筆打工的報酬，憑著自信，全數投入美國股市朗訊科技（ALU）。一切的失敗就從當下開始，二〇二〇年發生巨大的市場變動，我注意到它的股價掉了二十美元，我當年堅信它最後一定會回升到每股七十三美元。可悲的是，它從未像我希望的那樣反彈，我最後賠本拋售股票。

你從小沈的經歷，看到了提醒自己的經驗？

過去是否有相同的經驗？

故事所獲得的經驗或感想

Youtuber 馬丁

大學期間，我上過幾堂投資課，花了很多時間研究金融衍生工具。我自認對怎麼賺錢、怎麼投資都非常瞭解。畢業之後，我在銀行業工作過數年，我知道市場如何運作，我也獲利豐厚。但是工作十年之後，因為健康因素，我決定辭職，自立門戶出來當個Youtuber，教粉絲們有關財經理財的知識。

為了不要吃老本，我把過去工作存款一部分放入了股市交易及原物料期貨—石油買賣中，想趁機大撈一筆！後來你就知道怎麼回事了。二〇二〇年初，沙烏地阿拉伯和俄國為了競爭石油的市占率，不理性的爆量增產，我的石油期貨也在那時慘跌到負值。加上當時COVID-19疫情突然爆發，各國股市受影響應聲大跌。聽說全世界各地都有像我一樣如此不幸的受災戶。只能說天有不測風雲，僅僅一夜的時間，我當年投入的工作所得，化為烏有。

你從馬丁的經歷，看到了提醒自己的經驗？

市場分析師艾克森

我的第一筆投資是在二〇〇〇年十月，剛開始擔任股票分析師一職，我有大量研究財務金融的工具可以使用。我很精明；二〇〇八年，我注意到金融系統的崩跌，這次崩跌是投資史上最嚴重的下跌之一。值得注意的是，在過去的那段間，美國銀行（BAC）的股價下跌將近一半，當時每股的價格是二十四美元。就在此時，我想起華倫·巴菲特的名言：「以合理的價格買到一家出色的公司，比低廉的價格買到

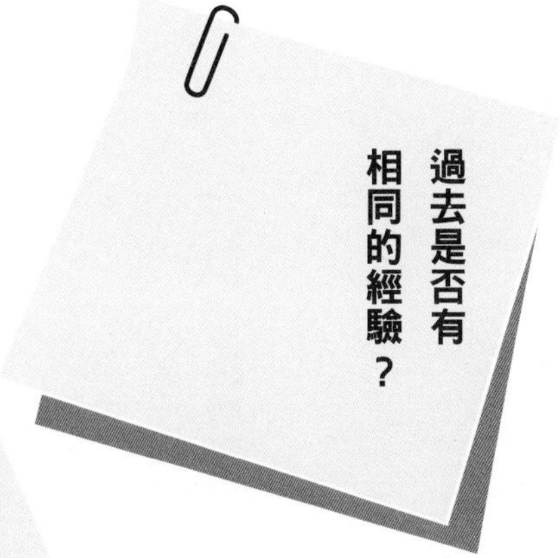

一家普通的公司好。」

大多數人會認為美國銀行是間出色的公司，我認為50%的打折價已經讓美國銀行成為「合理的價格」。所以我投資了三千美元購買。沒料到，在短短幾個月內，美國銀行股價又下跌了50%。到二〇〇九年三月，它比我買入時的價格下降了十八元。我是價值投資的信徒，試圖抱股抱久一點，但是當年的趨勢越來越下滑之後，我還是忍痛賣出了股票。沒想到，過了將近十年，美國銀行的股價居然慢慢回升到的我的購買價格。但是我沒有抱股抱那麼久就是了。

你從艾克森的經歷，看到了提醒自己的經驗？

過去是否有相同的經驗？

故事所獲得的經驗或感想

魯賓的新婚家庭

魯賓和女友結婚後，決定聽從理財網紅的建議，把沒用盡的一些結婚資金投入股市交易，並預期會獲得豐厚的回報。他們毫不猶豫地投資科技股。悲慘的是，這對夫婦是公司管理階層，而且是服務業，不論平日或假日都得忙於工作，沒有餘力去深入研究他們投資的公司，也不知道這家公司出什麼產品、對其營收不清楚、也不瞭解其財務體質，也沒有考慮這些投資要如何實現新婚家庭的目標。

說實話，魯賓和他老婆較在意的是頻繁交易所獲取的短線價差。更糟糕的是，他們的投資教訓降臨的時機太巧了；居然趕上二〇〇〇年科技泡沫化。但值得慶幸的是，他們的投資金額只是一部分，並非全部身家。儘管他們有所損失，但至少不是全部積蓄，而且他們沒有把小孩未來的教育基金一起投入、也沒有借錢投資。

你從魯賓的經歷，看到了提醒自己的經驗？

劉先生的小夢想

劉先生家境小康，若干年前辛苦存了千萬元買了三百張當時知名的面板股，那時候一張股票成本約五十元上下，劉先生一心夢想股價可以漲到八十元。不幸的是，二〇〇八年金融海嘯，股價一路狂跌，劉先生仍然堅持不賣，認為他的股票有一天會像浴火鳳凰般起飛。

就在二〇一一年，這個股票又再度下跌至二十塊，由於劉先生自認不會破金融海嘯時前的低點，認為面板股的冬天將盡，快要反轉了，所以在二十塊加碼再買了二百

過去是否有相同的經驗？

故事所獲得的經驗或感想

張，藉機把成本再往下攤平。劉先生告訴自己，湊個五百張，漲回七十五元以上，就能把住在套房的面板股解套。一直到了二〇二〇年，劉先生的小夢想還在孵化中。

你從劉先生的經歷，看到了提醒自己的經驗？

過去是否有相同的經驗？

故事所獲得的經驗或感想

你是不是沉著的投資者？

以下列出幾個問題，讓大家反觀自照，瞭解自己。你是否發現有時候我們也不清楚自己是否屬於衝動投資？我們「自認」為很理性，但這只是對自己的覺察還不夠敏銳。又或是，如果我們採取「沉著的投資者應該是怎樣的行為」來回答問題，檢測的結果將會不準確。正確的回答方式是用當下每一次投資的起心動念來回答。

如果你對自己當初投資的動機、情緒記不太清楚，並不容易作答，建議你每次下決定進場時，把自己的心態記下來，並和當時的市場大盤做對照，你或許就能較清楚歸納，當自己在現實環境下，屬不屬於沉著型。這裡所謂的投資，包含：外匯、期貨、股票、原物料、選擇權。

1. 當您的投資需要資金時，您曾考慮拿房屋去抵押，向銀行貸款嗎？

2. 當您的投資需要資金時，您曾考慮用保單質押借錢嗎？

3. 當您的投資需要資金時，您曾考慮向親朋好友借錢嗎？

4. 當您的投資需要資金時，您曾考慮使用超出財力負荷的方式，或是用槓桿投資工具，或者任何「以小賭大」的方法進行嗎？

5. 您在投資之前，會去多方收集不同理財專家對同一件事的投資角度或分析嗎？

6. 您曾經因為股票市值上漲，擔心自己買不到鎖定的標的股，而想盡辦法買到它？

7. 您曾因為股票市值突然下跌，擔心慘賠太多，而立刻賣出？

8. 您是否持有某些投資，市價已經離你十年前購入時的價格掉了一半以上？

9. 聽到與您自己投資信條相反的意見時，您傾向排斥多過於包容？

10. 您曾經因為對自己的投資判斷感到自信，但是最後卻賠錢收場？

11. 看到您持有的商品或看到大盤上漲，會引起您特別興奮的情緒。例如：血壓升高、心跳加快？

12. 看到有些人因為買了某股票或期貨、選擇權而賺錢，您會毫不思索地跟進？

13. 您相信技術分析，即使您鎖定的公司或商品體質不佳，您仍會考慮進場買進？

14. 您是否持股過於集中在某一類型？

15. 您是否持股過度集中在單一公司？

16. 您是否持有股票的時間，很難超過二個月，並且想從中獲得價差，迅速了結？

17. 聽到公司的利多消息，您會傾向抓住先機、盡速買進公司股票？

曾經有一個針對台灣投資者常犯的投資心理錯誤的研究，詢問了上千名當年的證券營業員，列舉出台灣人在投資時的共通習慣。以上問句就是把這些容易造成誤判的心理，列舉出來。如果你發現自己的投資心理和這些問句不謀而合、有諸多雷同，建議你繼續翻閱第二章，繼續閱讀下去。

問句	造成台灣投資者易判斷錯誤的投資行為特徵
1-4	借錢投資
5	聽信明牌
6-7	追高殺低
8	缺乏停損觀念
9-10	過於自信
11	對新聞消息過度反應
12	從眾心態
13	・過於相信技術分析 ・不看基本面
14-15	持股過於集中
16	急於獲利了結
17	・聽信明牌 ・對新聞消息過度反應

CHAPTER 2

情緒投資的行為特徵及情緒覺察

哪些心理、念頭，最容易驅使新手決定投資，或造成投資失誤？

請注意，這裡收錄的經驗，並不代表是唯一、正確、標準的答案。在市場中，每個人都有自己的一套投資心法、交易聖經。你一定也聽過千奇百怪、不可思議的成功經驗。用在那個人身上就會成功，用在自己身上則格格不入。

以下這些提醒，都曾經在市場上發生過。筆者希望藉由這些新手的經驗，以提醒大家做好心態調適，讓自己在面對千變萬化的市場時，可以先做足心理準備。

借錢投資

股神巴菲特說過：「借錢投資對某些人而言，可以快速致富；但某些人卻可能因此更窮。一旦你曾經因為槓桿快速致富，就像上癮一樣，很少人能再回到過去保守投資的方法。」巴菲特言下之意就是，「回不去了」！

借錢投資到底該注意些什麼呢？

（1）考慮借錢來投資的標的物，其報酬是否可以穩定地攤還利息，而且還有剩餘。如果報酬攤還利息剛好打平，又何必這麼辛苦去借錢?!巴菲特也曾經借錢投資，壯大他的公司波克夏．海瑟威，不過巴菲特知道他有滿手現金，加上他的投資報酬率高，足以償還借錢的利息，所以他可以穩定地攤還利息，還可以從中致富。因此，我們要衡量自身的條件，是否適合借錢投資；如果遇到股災，我們能否持續穩定還利息，並能有不錯的報酬率。

（2）考慮生涯階段，如果是已退休或將要退休的銀髮族，先不論能不能賺到錢，光只是借錢投資負擔的心理壓力，就足以讓長者夜晚不易入睡，如果投資失利，還可能背負巨大的經濟壓力。如果為了賺錢，讓自己吃不好、睡不著，搞砸自己平靜的退休生活，多划不來。

我個人不借錢投資。我的家族中，有人在台股飆升到一萬二時，借錢投資期貨，後來慘賠，連累父親的造船廠，和數棟黃金地段的房產，被變賣還債。後來期貨也把這位親戚的婚姻和家庭都搞砸了。我還沒認識這親戚前，從長輩口中已知道他的生活並不好過。我不主張過度擴張的投資，因為過度擴張的企圖心，難保不會壓垮自己的生活。

投資前，沒有多方參考

彼得．林區：「只要你能學會五年級數學，你就具備進入股市的能力。」言下之意，投資雖不見得需要複雜如「火箭科學」般的知識，但也不能對交易的知識半點判斷力都沒有。

沉著的投資者不會只聽信單一聲音之後就衝動交易。我的朋友小何在二〇二〇年開始存股，在那之前，已經有許許多多財經節目，持續鼓吹小資族長期抱緊股票，並提出證據證明長期存股的好處，以及退休生活可能帶來的經濟不穩定。二〇二〇年初小何下定決心，砸了一百多萬買了幾檔金融股，便不幸遇到股災，他剛好買在高點。他後悔當初沒有多收集資料——那時已經有人開始呼籲，股市已經在相對高點，要開始減碼投資。但是他卻沒有留意到，卻只聽固定某幾個他喜歡的財經網紅的說法，便進場投資。

沉著的投資者會懂得分析每個聲音背後的動機。不是說理財專家不好，只是，若將理財專家給的建議照單全收，最後有個萬一，要承擔財產損失的，只有自己。所以**任何專家的交易建議，都得經過自己大腦的分析判斷。**

若你是新手投資人，在考慮多方意見的利弊之後，如果還是對各種意見有取捨困難的話，那麼也不一定要讓自己非選擇不可。投資沒有穩贏的道理，每個選擇之後，都需要自行承擔。如果評估之後，認為自己現階段沒有承擔失敗的能力，最好是寧可少賺也不要多賠，以謹慎保守為上上策。

追高殺低

華爾街名言：「許多投資者犯了高買低賣的錯誤，而恰恰相反的低買高賣，才是正確的長期投資策略。」投資人威廉・江恩，經歷過一九二九年美國經濟大蕭條和第一次世界大戰，曾說過意義相近的話：「不在成交量大增之後買入，不在成交量大減之後賣出。」

老趙從二十歲起就開始投資，在那個年代投資學習的管道不多，他都是靠買書自學。當時也不像現在有網路，隨時可以上網查詢要投資的公司訊息，可以收集資料自行判斷。老趙當時聽信報社朋友的消息，買了一股剛上市公司的股票。當兵期間，他從來沒有時間去注意投資的股票。結果退伍之後沒多久，他發現他的股價，只剩當初的一半，還好他的投入金額並不多。第二次，他記取過去的教訓，打算買知名的龍頭股大廠，他認為應該沒問題了。當時大盤漲到約一百多點，他怕漲上去之後會付出更多的投資成本，於是，基於一種可能快買不到相對低點的心態，急著進場買了一張，結果，不到五分鐘，竟然全亞股反轉大跌，讓他頓時啞口無言……。

投資的道理不見得那麼難懂，不外乎一個中心原則「買低賣高」。有趣的是，投資者經常在事後後悔自己「賣在低點，買在高點」。到底是哪裡有盲點，造成投資者自己所覺知，和自己實際做出來的決定，完全相反？

我這位朋友，老趙，心理系畢業，對自己的感受覺察相當敏感。他回想整個投資過程，和我分享他的觀察——當初那種「看到大家都搶到股票，如果自己慢了一步，可能會買不到在相對低點」的心情，可能就是投資盲點的開始。因為，當他看到股票上漲，表示成交量已逐步上升，而且在推高股價了；這等於是他已經慢了其他人好幾步。這時他再進場，就表示股價已經是處在相對高點了。

老趙總是希望自己買在低點，也認為自己應該是買在相對低點，後來卻發現自己其實是「買在當時的相對高點」。他後來修正自己的做法，他增加一個條件：觀察這家公司的股票價格，是否漲到超越該公司的合理價。如果已經漲過頭，老趙就耐心等候，一個月、兩個月、半年，直到有天，股票回到便宜或合理價的低點，才考慮出手。

老趙領悟出來的心法，比起任何華爾街的投資名言都珍貴，這次經驗更深刻牢記在他的內心。

不認賠、不停損

索羅斯：「我的成功，不是來自猜測正確，而是來自承認錯誤……我以承認錯誤為榮，甚至我驕傲的根源來自於認錯。」

的確，面對自己的錯誤，接受已經造成的事實，需要極大的勇氣及抗壓性，相當違反人性。舉目望去，你所見的成功投資者，面對錯誤就立即修正，**沒有哪位是順著自己的人性弱點而還能成功的。投資必須學會克服自己的人性**，例如：懶於研究、狂妄自信、不承認錯誤等；否則少有機會成功。

我的朋友小蔡告訴我，當初他投資的澳幣，損失慘重。二〇一二年澳幣升到有史以來的高點，小蔡在保險業務員三寸不爛之舌的說服下，買了一張六年期的澳幣還本保單。近幾年澳幣匯率連年下跌，他警覺不能再繼續投入資金下去。盡管保險業務員是他的高中死黨，他還是得找時間跟他講清楚、說明白，要求停繳。

投資人為什麼常常放著投資商品價值下跌，而不停損？小蔡告訴我，這種心理盲點是逃避結算自己到底損失多少。澳幣匯率跌得慘不忍睹，連帶拖垮他的投資報酬率，因此「每次想到就心疼一次」，久而久之就拖在旁邊放著不管了。

「逃避」是人性弱點之一，表示投資人不願意承擔自己錯誤決策所造成的負面後果。相關研究曾指出，大盤下跌時，接受研究測試的投資人，較少關注自己的投資組合。這種逃避心態，讓他損失了一筆節儉省下來的薪水。之後小蔡會記取教訓，該停損時就要勇於面對事實，勇於承擔錯誤。

過度自信

班傑明・葛拉漢曾說過：「投資者的主要問題，甚至是他最大的敵人，很可能就是自己。」飛利浦・費雪也這麼講：「股票市場最有趣是：不管是買或賣的人，都自認為自己比另一邊的人聰明。」

投資市場流傳這麼一句話：「資金和信心帶動指數上升。」投資人的信心推升投資市場的交易頻率，股市因此熱絡起來。然而，投資人對自己的過度自信、自我優越感強，將導致投資的心理偏誤——錯估自己的投資能力、認為自己有高人一等的投資知識，或分析、高估自己的投資績效、高估每個決策的預期報酬率、低估投資風險。

過度自信導致一個人對自我的感受高過實際情況。以生活上舉例，一個背包客自認為自己的方向感很好，低估陌生環境中的危險，自認為自己可以不帶地圖、不用問路就到達目的地。以投資來說，一個投資者對自己過度自信、自滿，將會低估市場在變動中產生的風險。

我的朋友小賴投資的項目是被動元件。我們一群朋友請教他投資的公司商品，他坦白告知，他沒有事前研究清楚就先一頭栽下去，講不出所以然。所以他不知道如何評估投資風險。我周遭的朋友幾乎都是上班時認真上班，閒暇之餘才有時間關心自己的投資。若你也是如此的投資人，就更要慎選在生活中常接觸、較熟悉的商品，並且也必須多接納不同的投資意見，才能懂得在風吹草動之際，迅速評估自己的資產是否曝露在風險中。

當然人非聖賢，不可能什麼都懂、不可能什麼都預測得到，所以投資新手如果要跨入一個自己不太懂得商品領域，要先研究清楚、做足功課，以免事後懊悔。試想，連巴菲特這麼有經驗的世界級投資家，每天早上都從閱讀開始掌握趨勢和變化——《華爾街日報》《金融時報》《紐約時報》《今日美國》和《美國銀行家》；接著，會解讀數家公司的財務報表。所以，**投資哪有不勞而獲的道理，自己投資的商品自己要關心，待市場一有變化才能避開風險！**另外，要隨時打開心胸，留意不同的聲音和分析，冷靜判斷，並學著承擔自己抉擇的結果。

從眾效應

基金經理人，約翰．坦伯頓告訴我們：「除非你做了和大家都不一樣的事，不然你很難有卓越的績效……要勝過大多數的投資者，你得做大多數人不做的事情。趁別人感到絕望時買進，並在大多數人充滿希望時賣出，這得靠自我堅強的意志力。」

從眾效應、羊群效應，說明了市場常見的現象。例如，利多消息出來，投資人就一窩蜂搶買某種商品；利空消息出來，投資人一窩蜂拋售某種商品。就像羊群，盲目不假思索地一個跟上一個，跳進坑裡。

羊群效應很容易造成投資者「高買低賣」行為。同樣的道理，當你聽到投資專家分析哪家公司前景可觀、哪個公司是某供應鏈廠商之一，通常隔天，甚至幾天前，就已經被媒體、多數人都注意到，導致市價被推升，更上一層樓。這時再跟進已經晚了好幾步。只有等它的話題冷卻下來，再去關注它，才是比較好的買點。

投資市場中有一種商品：冷門股。我的同事小柯最喜歡在茫茫標的物中，當個寂寞的投資伯樂，挖掘他的千里馬公司。當大家都還沒注意到時，小柯會去分析他所看中的這些公司的財務報表，等待適切的時機切入。他分享：「這種挖寶的過程，每次都能證明自己獨到眼光和精準判斷力，很有成就感」。這就是小柯參與投資市場的動機之一，在於尋找寶藏、找下一個潛力股。

比起跟風、跟話題選投資商品，小柯更喜歡反著群眾方向投資，而且他能忍受寂寞。小柯說：「喜歡跟著趨勢走，或許從中可以獲得一些投資的安全感，這些人可能是對自己的眼光和判斷力，沒那麼有把握。」但值得注意的是，跟風投資的方法，容易因為不理性、沒有判斷力，加上對消息的反應晚人一步，不能超前佈署，經常掉入「低賣高買」的自我盲點中。

只倚賴技術分析

牛頓：「我能計算天體運行，卻無法計算人類的瘋狂。」

相信你比較過許多專家的說法，你會發現同樣一張大盤的線圖，不同的人，有的保守、有的樂觀，便產生不一樣的解釋角度，說法也不盡相同。尤其在二〇二〇年初，來到某一天，當股市、債市、黃金、石油通通下跌時，你應該更有體會。當時，打開電視，財經節目中，來賓對當下的經濟局勢、如何去面對明天的市場波動，指著同一線圖，卻各有看法、各有分析。接下來，局勢如何、發生什麼事，就不用我多說了。

同樣地，在二〇二〇年歷史相對高點時，面對同樣一個大盤的線型，樂觀的人認為可以繼續買進，保守的人認為應該要見好就收，盡速賣出。提到這邊，你應該有感受了——

（1）技術分析對未來的預測，只是提供「機率」上的傾向，並不代表是最正確的、唯一的預測；

（2）技術分析可能會因為解讀者心態、個性偏保守或激進，而產生不同於實際情況的失真詮釋及臆測；

（3）技術分析是市場上過去一段時間內所有參與其中的成員，經過角力後留下來的量化痕跡，不全然代表未來趨勢；

（4）遇上出乎意料、極端狀況、股價太高或太低，線型將產生鈍化。

偏好技術面的投資者，心態上，可能曾經使用過技術分析，並因有過成功經驗，而倚重技術分析的行為，被成功經驗正面增強。但是，我們會發現，判斷一家公司是否值得投資，不應過度強調技術面，必須同時考量公司基本面、籌碼面的證據。

急於獲利

「當我們持有股權的公司擁有優秀的經營管理團隊時，我們喜歡永遠持有這家公司。」——華倫．巴菲特

「投資者應時刻以投資者的身分行事，而不是投機者。這意味……他應能證明自己所做的每一筆買賣，以及支付的每一筆款項，都是基於客觀中立的，而這些依據的前提，是他能獲得的回報大於購買的價值。」——班傑明．葛拉漢

問問自己，急於獲利的「急」，急在哪個念頭？是否急在只想快速收割、迅速獲利了結，以致草率、沒有耐心去深入徹底瞭解投資標的？

如果是，那麼這種「急」，可能源自投機的心態。

巴菲特的合夥人查理．蒙格說過：「靜心等待將幫助你成為一名投資者，然而大多數人都是迫不及待。」我個人的體會是，交易一旦抱持投機心態，便容易陷入失敗、經歷大起大落的生活。既然想當自己的投資心理教練，就要遠離投機心態。還有一種心態是急於用錢，因此思慮不周，想利用擴大槓桿，從事的高風險交易，藉此快速獲得進帳。曾有人現身說法：一位剛辭去鐵飯碗的全職投資人，自信於熟悉交易技術，利用融資、融券及期貨投資，卻不幸遇上股市大跌，為了這筆鉅額保證金，又加開槓桿投資外幣，結果讓自己過得焦頭爛額。

如果心態偏「急」，投資行為很容易就被自己越導越偏，為了獲利走上高風險投資一途。古人有一句話：「失之毫釐，差之千里。」要不斷提醒自己，投資的目的是為了讓生活品質提升，不要為了「急」而進行超過自己負荷的財務風險，搞砸原本的平靜生活。

對市場消息反應過度

班傑明．葛拉漢曾說過：「買股票是買一宗生意的一部分；市場總是在過度興奮和過度悲觀間搖擺，有智慧的投資者是從過度悲觀的人那裡買來股票，再賣給過度興奮的人；你自己的表現遠比證券的表現，更能影響投資收益。」

我必須很坦白的建議，如果市場波動容易引起你的心情漣漪、吃不下、睡不安穩，那麼我建議你要考慮，採取不會影響你正常生活的投資方法。賽思．卡拉曼，身為一個掌管十五億資金的投資公司總裁，曾提過一夜好眠對投資者的重要性。如果你容易受到風吹草動的影響。你是否正確評估過自己的風險承受力？

我有一位朋友，小馬，曾因為資金投入高風險市場的比重相當大，而有慘賠的紀錄，因此他一直揹負著輸不得的壓力。那時，當市場一傳出任何風吹草動，便容易引起小馬的情緒緊繃，開始思考要買、要賣、還是要借錢。一度，他需要吃安眠藥、抗憂鬱藥，陪他度過金融海嘯時期，那一段跌跌不休的日子。輸不起、不能在親友面前丟臉、白天上班還要裝一副若無其事的樣子。堅強的小馬，下班還要去兼差還債。想起那時候，真是噩夢一場。

後來小馬在朋友建議下，轉換風險較小的投資工具，才讓他的精神再度恢復，晚上不會失眠。小馬心有餘悸，慶幸自己當時尚未成家，還有一群堅定陪伴的朋友。投資如果得失心大、付出的健康代價也很大，真應該冷靜思考，什麼樣的投資方式才是最適合自己，不要因為銀行定存變小就一昧跟風、跟流行，受影響一腳踩進還債的無底洞。

持股過於集中

「雞蛋不要放在一個籃子裡。」——唐吉訶德

集中投資是否專注在投資唯一的標的物或股票？不見得。即使我們參考艾倫卡爾普波尼洛（Allen Carp Benello）的《集中投資》（Concentrated Investing）一書，他研究過幾位集中投資的大師，提到這群具有投資眼光的人，也並不侷限他們投資在單一股票或公司。他們把自己的投資資金押注於五至二十家的公司股票。

對一個投資新手，持股過於集中、投資的標的物過於單一，可能會讓自己面對不可預知的風險。我的朋友小康看上一檔塑化股，殖利率

高、業績穩定，加上某些財經節目也推薦這檔塑化股，於是他把人生第一桶金投下去。沒過多久發生負油價事件，他沒料到第一次投資就發生這種幾十年難得一件的事件，心情難以平復。

目前他對這家公司還算有信心，還在等股價慢慢爬回到當初的位置。後來終於小賺讓他虛驚一場。這次經驗讓他知道，再怎麼看來安全的股票，還是不能孤注一擲。對他這種沒什麼投資經驗的小資族，遇上風險，財務的復原力沒那麼快。新手小資族要注意避免承擔高過自己財力的風險。當然，市場上有百種人，每個人都有自己的心法，凡事總有意外、特例。所以，請勿把書中的經驗，當成唯一、標準的答案。

不要集中，那麼分散投資，總可以吧？請問有多少小資族有時間在工作之餘還能顧自己的投資？既然大家都是下班後、中午休息，大約一至二小時的時間，順便瞭解今天的行情，那麼就以自己能負荷的、能關心、願意研究和瞭解的幾家公司就足夠。

CHAPTER 3

當情緒開始蔓延，會如何影響你的投資決定

交易的負面情緒

股市的上下震盪是否會導致情緒失控？答案是「會」。

尤其，當投資人處在空頭市場，卻又過度期待股市的短期報酬率時。二〇二〇年三月底，股市如雲霄飛車般震跌到八千五百二十三點，一時之間，投資人一點心理準備都沒有，無法接受資產瞬間縮水，市場氣氛低迷，許多人在個人社交網站、PTT版上訴苦。

又如當年四月的油價，一夜之間跌落到負值，投資人的投資心血損失。股市上攻下跌中，投資人的心情跟著受影響，可能導致交易時情緒用事。以下彙整了一些影響交易的負面情緒，提供投資者自我檢視。

憤怒——因前次交易失敗後變得憤怒，下次交易就變成報復性投資，大膽冒進，自認可因此成功。

恐懼——由於擔心投資後會虧損，或擔心原本成功的投資會虧本，而裹足不前。

失望——對自己的不夠自律，感到失望，加上沒有顯著獲利成效，對交易失去信心。

興奮——通常會發生在巨額交易，或多次交易獲利之後。當興奮過度，可能會打亂原本的投資計劃，導致交易頻率提高和到處調頭寸。

悲傷——大筆虧損或帳面縮水之後，引發的悲傷情緒可能造成不易繼續下一筆交易，或不願意停損。

驚訝——通常來自突發的市場變動，導致情緒性決策，或是因為驚訝而放棄原本預定好的交易計劃。

缺乏熱情——投資需要大量的熱情和精力。有熱情及精力，才能專注於工作。

焦慮——過度焦慮會導致投資時精神壓力過大。對自己有信心才有助於克服內心的焦慮。

急躁——如果你對投資有興趣，時間可以幫助你財富累積。如果你老是想快速致富，你極有可能會失敗。

憂鬱——憂鬱會讓你放棄交易，投資失利可能比情緒崩潰還容易復原。

鄙視和輕視——鄙視和輕視會導致偏見、造成錯誤的決策。

驕傲——導致過大的交易量，不承認虧損，為了證明自己，不依照原定交易計畫執行。

羞恥——對於自己的交易虧損羞於啟齒，或逃避去檢討交易時所犯下的錯誤。

嫉妒——嫉妒會讓你只在乎獲利，而不在乎交易的過程及原因。

美國精神科協會曾有一份報告指出，在二〇一八年美國股市上下震盪劇烈時，美國人的焦慮指數上升；與金錢相關的焦慮指數也上升，這種廣泛焦慮遍及各年齡層和種族、性別。

有幾項說法解釋市場波動對投資人帶來的負面影響，包括：股市壓力症（stock market stress）、市場焦慮症候群（stock market anxiety syndrome）、經濟蕭條憂鬱症（recession depression），以及投資焦慮症（investing anxiety）、財務焦慮症（financial anxiety）。而上述這些身心上的症狀，當然會影響你在交易中的決策。

現在，將上述十四種情緒特徵整理歸納，請檢視自己的投資行為，是否曾經有過下列特徵？如果有，表示你有情緒投資行為的傾向——

- 曾因為憤怒產生冒險性投資。
- 想在虧本之後迅速大賺一筆回來。

·曾經因為資金虧損而不願停損。
·興奮的情緒導致放棄原本預定好的交易計劃。
·悲傷的情緒導致放棄原本預定好的交易計劃。
·曾因憂鬱或情緒崩潰讓你放棄交易。
·親朋好友之間把投資成果當成比較的工具。
·很少檢討交易失敗的過程及原因。
·從下單到等待結果時的心情相當焦慮，甚至是失眠。
·老想著快速致富。
·短期投資者不願意承認投資虧損。
·輕視投資成績不如你的投資者。

從日誌分析情緒如何影響決策

小梁去年剛開證券戶，對投資還不熟悉。今早他因病請假，不用上班，想趁機買點金融股，前幾天他看了財經新聞，知道某某公司第一季獲利，他像小學生寫聯絡簿的心情和口吻，一一把今天的過程和心情記了下來。方便自己日後分析影響投資的微細情緒起伏。

今天我「希望」趁早買到某銀行的股票，並等待它價格上升後賣出。我九點一到就上線觀察市場，等待股票合適的價格介入。我是個新手，所以抱著「小心翼翼」的心，看著數字跳動，想找尋最低價。但是因為對新導入的交易系統不熟悉，我今天第一筆交易錯過了低價買入的機會，該公司的股價在操作錯誤當下，已價格上升了。心情有些「失望」。我決定稍等片刻，從口袋名單當中，找出一個觀察過一陣子的銅板股，但由於我下單時，突然「害怕」自己對股票研究還不清楚，又猶豫起來，因此錯過第二次下單的機會。類似情況過去發生了很多次。我記得聽過同事小程提到，他這兩週逢低買進賺了不少。心裡仍然「羡慕」且懷抱「希望」，我想學小程一樣賺點生活費，所以今天早上一定要做一個逢低買進的決定，對於我給自己的這個目標，開始感到「急躁」和「壓力」。為了不浪費這個早上，我決定「冒險」一下。在「貪婪」的驅使下，我把所有資金的一半投入了一個最近外資狂買，看似不錯的股票。不幸的是，當買了之後，突然不知為何股價下跌。我「驚訝」了。去年到現在，我還沒有虧損過這麼大筆的資金，心情很「憤怒」，決定往下攤平，等待股價上揚後，能夠彌補剛剛失去的資金。糟糕的是，大戶出貨之後，散戶繼續跟進，我損失了更多的錢。原本的計畫失靈，我的心情從「**憤怒**」轉換成「**恐懼**」，開始「**擔心**」所有的錢都無法回收。

你可以像小梁一樣，知道投資情緒的來源事件嗎？

小梁找了當週週末的午後，趁自己記憶猶新，事後回溯當下的情緒，以及情緒下推動交易的原因。小梁這樣分析是提醒自己不要讓相同的情緒，於未來再度影響自己的決策。

希望——對於獲利的渴望。

小心——來自於不想失敗。

失望——來自於失敗、無法在低點切入。

害怕——有著想獲利的心情，但不知是否可以如預期獲利。

羨慕——同事小程的經驗再度激起自己對於獲利的渴望。

急躁——比較心一起，越擔心失去機會，達不到設定目標。
壓力——比較心一起，越擔心失去機會，達不到設定目標。
冒險——對於投資的標的物研究不清楚，就躁進投資。
貪婪——對於獲利的渴望，導致更高風險的投資。
驚訝——現實和期望的落差太大。
憤怒——來自於獲利的希望落空、對自己表現不滿意。
恐懼——對於低點和損失的未知。
擔心——對於低點和損失的未知。

一般投資者的情緒就像小梁一樣，上上下下、起起伏伏。對我們的投資決策起了念頭上的改變，讓我們失去原本的紀律和調整好的投資計劃，導致投資失利。

勤寫交易日誌，讓我們可以分析哪筆投資的起因，可能來自於哪種情緒、念頭。訓練自己成為沉著的投資人、知道自己能承受的心理壓力和底線；然後，可以回頭看看當時的感覺來自於哪種情緒催化，並因感覺而影響到哪些決定、瞭解自己該如何利用情緒校正決策。

越能準確寫下你進行交易時的感受，越能針對非理性的投資情緒對症下藥，找到不被干預的方法。我們學會識別哪些特定情緒，影響我們選擇的交易方法。並知道哪種情緒對我們的交易幫助不大，以及如何反過來利用它，這才是成功的祕訣。日誌有助於我們分析自己的績效，並明瞭需要改進的地方。

交易日誌

請開始撰寫你的交易日誌

從日誌中分辨情緒如何影響投資決策，範例如下。您可以自己改良成適合自己的圖表，量身打造自己的「錯誤經驗檢討錄」印製成筆記本，減少自己重蹈覆轍的錯誤。

日期／時間	情境→	情緒→	行為→ （做了哪些決策）	決策結果	有無負面影響？	有無正面影響？
某月某日 9:00	開盤大漲	興奮擔憂	擔心買不在起漲點，立刻下單	一小時後跌回前一天低點	用更高的成本買到標的物	下次拉回才買

憤怒

投資不是一場遊戲，它是一項需要頭腦理性及個性穩定的工作。投資成功的人是因為頭腦清晰，並可以應付市場波動，所帶來的心理挑戰。講明白一點，當投資者覺察到自己正處於憤怒狀態時，記住，千萬不要交易，因為憤怒情緒下產生的衝動決定，並不會帶來成功，反而可能會失敗。

抑制憤怒是解決不了問題的。如果我們的情緒被憤怒主導，會埋下失誤的因子。因此，憤怒的情緒必須得到紓解。投資者需要知道自己適合用什麼方法來紓解憤怒，以確保自己在不受情緒影響下交易。

試著去分析憤怒怎麼來的？心理學認為，憤怒是對結果的害怕、失望、悲傷、失落的情緒轉化而成。因此，當我們感到憤怒時，我們可以分析出是什麼原因，產生讓我們失望的結果，而這個失望的結果有可能再次轉化成情感中的憤怒。

情緒觀察

若是分析投資人會因為哪些事而感到憤怒？你會發現，例如：交易獲利和自己預期的落差過大、對自己的表現不盡滿意、因投資失去太多的資金……等。挫敗衍生出的憤怒，可能產生復仇心理，導致思慮不周，冒更大風險，表現出更不成熟的行為。

哪些是不成熟的投資行為？草率判斷，投資決定過於快速；藉由投入巨額資金，試圖短時間內扳回一城。有些投資人會因為交易失利引起的憤怒，把憤怒投射到自己以外的人事物，遷怒身旁的親友、計算機、電腦等等，以及不停地抱怨金融制度不公平、抱怨政府沒有救市、抱怨上天不公……。

有人則是把憤怒投射到自己身上，對自己宣洩憤怒行為，這樣就可能會產生自我傷害、自殘等的行為。有些人的憤怒到一個極點，會產生絕望，從此不想再步入交易市場、不再買賣。有些時候，憤怒中會引導出嫉妒，嫉妒別人擁有的比自己多。

因此，憤怒的面貌有相當多種，投資者如果深刻去體會，可以從中抽絲剝繭，找到妨礙自己做理智決定的關鍵點。

如何避免情緒影響決策

從正面的角度解釋憤怒，就生物演化而言，憤怒是人類自我保護的一部分。要消滅的不是憤怒本身，而是憤怒的處理方式。

投資人需要冷靜一下，出去散心、試著不要接觸任何有關市場的訊息，花一點時間平復情緒，調整自己。**試著把不順利的投資經驗，分享**

給較理性的投資朋友，請問他們如何平復情緒，彼此經驗交流及分享。瞭解自己並非是唯一有遭遇投資困難，並非是唯一情緒起伏的投資人，心情可因此較不孤單。甚至可以諮詢理財有經驗的人，多聽聽不同專家的解決之道，列出所有需要執行的計畫以扭轉損失，避免閉門造車。

恐懼

恐懼對不同特質的投資者，會產生不同的影響。對於較保守型的投資者，個人認為沒有什麼不好。它可以推動投資者積極做出停損、停利的決策，避免未來不可測的風險。但是有些投資人比較願意冒險，會認為恐懼的心情讓他們過早獲利了結。不過，這種想法或許有點事後諸葛，因為世事難料。

有句話是：「寧可少賺，不要多賠。」這句話就是恐懼帶給我們的正向解釋。交易市場上，總有些人是存著賭博的心態，賭上身家，企圖勝過大盤。那麼，至少恐懼的人比較不會有賭徒性格，他們願意前思後想再交易，頂多就是獲利少一點而已。

情緒觀察

交易的恐懼之一，來自不想有所損失。因為不希望有損失，遇上股市下跌時，我們會對要不要停損，感到遲疑、無法果斷採取行動。當資金失去得越來越多，投資人將會失去信心。

有人的恐懼是源自於不想做出錯誤決定。例如，有些人在還不瞭解投資是怎麼一回事、還沒有深入研究，便貿然投入資金，結果股價下跌；他們可能因為不想做出錯誤決定，加上對投資研究不深入，所以花了很多時間在猶豫該如何做決定，或該不該停損。

還有人是恐懼損失，可能因此不敢再交易。二〇二〇年初，許多新加入股市的投資人，可能沒有很瞭解市場的變動，只知道已經上萬點了，或許有賺頭，便投入交易市場。但是三月經過股市劇烈波動之後，只要市場一有風吹草動，晚上就嚇到失眠和神經緊繃，有些新加入買賣的投資人，可能需要服用安眠藥才能安心入睡。

另一種恐懼來自不希望錯失獲利機會，擔心錯過投資的好機會，這種心理的反面就是貪婪。心裡的貪婪會告訴自己，我要把握現在低價上漲的機會、要趕快開證券戶、要趁現在趕快投入股市。因為這種不希望錯失任何機會的念頭上來，很可能掉進投資風險。

還有一種恐懼來自無知，一種是對未來的無知。例如，不知股市會跌到什麼時候、不知道未來中美貿易關係會不會影響股市波動。一種是對投資的無知，投資人自己貿然地進場，以為投資好賺、股票要「炒」，但是又對投資缺乏概念，因此產生恐懼。

如何避免情緒影響決策

恐懼不見得是不好的情緒，它可以提醒投資人交易更謹慎，端看投資人如何看待及轉念。投資人必須瞭解，為了取得長期投資的獲利，有時可能得忍受賬面上的暫時虧損。如果投資人仍然有恐懼情緒，建議先寫下自己擔心的事，再逐一分析每件事背後的根源；並藉此思考如何將這些問題一一擊破，最後去執行及驗收。

另外，投資人應該審慎思考自己可以承擔的風險。投資並非賺的錢越多越好，而是寧可少賺不要多賠，降低投資風險，用自己的閒錢進行交易，並縮小投資額度。最後，建議投資人充實理財知識，多聽取不同立場的建議和觀點，比較及深思來選擇適合自己的方式投資。

失望

之前曾有投信公司，調查台灣人投資的失望情緒。發現從二〇一四年到二〇一九年未達投資目標者將近60％，這個調查出來的失望指數，高於亞洲與全球市場，顯示台灣人的投資情緒較負面，這或許和當時的政治經濟局勢有關。

接著，該調查讓投資人說明失望的原因，大多數人表示主要的原因是因為「投資商品績效不如預期」，接著是「不切實際的預設報酬率」，再其次是「投資時間不夠久」。前述三項原因是台灣投資人對投資績效失望、不如當初預期的主因。

失望是一個中繼情緒，伴隨著環境和局勢的發展，可能漸漸演變成擔心、恐懼。或是情況好轉、獲利提高，將演變成幸福、開心。失望的情緒代表不夠好，但還是可以扭轉，端看我們是否：

（1）改變念頭，因應環境和情勢，適度合理地調整期望目標；

（2）持續等待原先設定的目標值達到。用等待的時間，換取獲利的空間。

情緒觀察

失望的投資者一開始也是抱著希望獲得更好的回報而投資，或者他們認為自己的推論可以贏過大盤。可能因為一開始設定的目標不實際、研究不夠深入、對投資標的沒有徹底瞭解，所以對於獲利及賠損的預估不切實際，股價目標未達設定目標，沒有做好功課及正確評估，低估環境變化對投資標的的影響，猶豫趕不上市場變化，因而錯失獲利機會。

失望的背後是因為與期待的目標有落差。這個期待的背後是否來自於貪念，值得投資人好好觀察。有些投資人認為自己應該獲利更多、怨嘆自己沒有提早獲利了結，或認為自己應該要承擔更大的風險，才能享受更大的獲利。如果失望的背後是起因於貪求更高的獲利，必須要評估：

（1）是否有能力承擔超過自己財務能力的風險？

（2）如果不能承擔更大的風險，後果是什麼？

如何避免情緒影響決策

建議投資人要徹底研究自己投資的標的物，並且根據能承受的風險，選擇適合自己財務能力的投資標的物。並勤於做功課，吸收財經訊息、充實自己；瞭解自己的投資是否因環境變動，而產生獲利上的可能變化，以便適時、適度地調整期望值。並且，不要對投資標的設定過高的獲利，避免超出自己所能承擔的風險。

另外，減輕失望的情緒，可以轉化自己的念頭。例如，用不同的角度去思考、用正向的想法去轉念，讓自己不要陷入更深的失望情緒中。即使是巴菲特這麼經驗老到的超級投資家，也承認自己投資出錯是難免的。記得要讓自己從失望的經驗中學習，失望不見得是壞事，能讓你下次投資前的評估更謹慎，變成下次成功的養分。

興奮

興奮來自可能獲利的期待或獲利後的心情。興奮不見得來自於多頭市場的環境所引發的情緒。興奮大多來自於投資人如何看待眼前的投資市場所面臨的事件。這句話是什麼意思？例如，空頭市場對一個價值投資者而言，容易激起他興奮的心情，因為在他的解讀中，眼前的市場有很多投資機會，股票價格大打折，隨處可撿拾到好標的。但是空頭市場為何會形成空頭？必定就是排隊賣股的交易量多過於買股的量。表示在一樣的市場中，有人看到投資的機會多，有人看到賠本的機會多。

興奮的情緒容易讓交易者產生強烈的錯覺：認為無論自己做了什麼決定，贏面都很大。興奮會極大化影響交易者做出錯誤的決定，這種情緒會引起破壞性和有害的交易行為，導致投資出現問題。

情緒觀察

當投資人心情愉快時，容易看不到交易背後的風險，不易在交易前經過慎重評估和思考。可能會冒險運作草率的決定，認為自己決定背後的期待，有極大的可能會實現。興奮還意味著投資人有可能將模糊的訊息信以為真，將之視為買賣交易的信號，面對風險時不會加以防備。

興奮之下會產生什麼樣的投資行為呢？一般而言，投資者可能會提高交易量和交易頻率。興奮的情緒激昂起來，可能會讓原本的投資不依計畫執行。因為在當下，投資人可能認為市場會照著自己的預期運行。

又或者，因為興奮而帶動投資人對獲利的想像，這可能促使投資人降低交易門檻，考慮買進原本不符目標的標的物；對於投資標的物的風險，放寬標準，因為投資人可能認為不管怎樣都可以有回報。

還有一種興奮背後，藏著對獲利的貪婪想像，導致對投資標的物還不瞭解、不明究理，就進場衝動投資。運氣好可能獲利，運氣不好可能導致遺憾和失落。此外，有些躁鬱症的患者，躁症發作時，會有較衝動的交易行為。這階段的外顯特色是：情緒興奮、容易激動、意念跳躍及盲目投資、自我膨脹等。

如何避免情緒影響決策

想避免被興奮情緒影響，投資人要提醒自己記得交易的目標。有些時候，這種大獲利的背後，是來自於有主力利用大筆的資金，刻意抬高某個公司的股價，隔幾天之後，突然又大筆賣出，從中獲得價差。但是投資者在這個過程當中，卻誤認為是自己對市場的解讀，判斷正確。而對於家中已患有躁鬱症的人，如果過去曾經有投資行為，在躁鬱症病發期間，並不適合投資，建議家人應該從旁謹慎注意。

遺憾

世界上，沒有任何投資者能預測變化多端的交易市場的更迭。因此，再怎麼有計畫的投資人，都還是要有心理準備，就是再怎麼萬無一失的盤算，都可能在突發事件中失靈。

有些投資人會事先準備謹慎的計畫；有些則沒有任何投資計畫，只憑自己對市場趨勢的想像，便賣出、買進，而且金額相當大。有人的遺憾是賣太早，沒有等到相對高點，因此沒賺飽；有人的遺憾是熱門股沒買到，所以沒有機會獲利。

聽聽看疫情爆發期間，美國投資者遺憾些什麼。有22%的投資者遺憾沒有分散投資組合；19%的投資者遺憾在疫情爆發前，進行高風險投資組合；13%的投資者遺憾自己在疫情前，已將所有積蓄投入股市。

遺憾的情緒不只會發生在平凡的投資人，連投資嗅覺靈敏、日本最富有的某集團創辦人兼執行長，也曾經對於自己在二十年前沒有下定決心買入亞馬遜，感到遺憾。當時，他正考慮以一點三億美元買入30%的股分，但是，他當年沒有堅持買入的決定，而亞馬遜在二〇二〇年創下股價歷史高峰。二十年後，這位日本企業家，仍然記得二十年前學到的教訓，告訴大家，他不會再犯同樣的錯，這次會準備好。

另外一個遺憾交易是中國的某商業大亨，曾經買入當年規模宏大的資訊科技公司，並且看好它未來十年的發展。結果沒想到，在二〇二〇年的經濟震盪中，這家公司經營不善，慘澹下市。媒體圍著這位企業家追問他，是否對當年入股的決定感到遺憾，他回答：「做生意總是會有賺有賠，這世界的任何事情都有風險。事實是沒有風險，也就沒有回報。如果把風險控制到零，那只能把錢存到銀行了。……人其實是不能預測未來的，只能遭遇事件時進行應對、調整。坦然面對困難、面對結果，是我們應有的人生態度。」

上面兩位企業家，對於自己的投資交易，都曾經歷過憾事，但是他們從中學到教訓，坦然面對，相信可以讓投資者參考，如何處理無法挽回的投資錯誤。

情緒觀察

遺憾來自於投資人體會或預估到對過去的交易做出不同的決策，他們的現況可能會更好，因此而感受到遺憾。也有可能，遺憾是一種不願認賭服輸的感覺；這種感覺有個比較值，就是拿原本可能採取，或不應採取的行動，和已經發生過的事情做比較。

或者，遺憾來自於投資人希望交易有重來的機會。因為投資人心裡已經有了比較的基準，所以產生遺憾的感受。有些遺憾來自於交易中的疏忽；例如，已經有多次獲利機會，而開始不謹慎、想採取更高風險的投資、對於市場已經自認可以掌握。

遺憾所引發的隱憂來自於交易產生大筆虧損、賬面縮水之後，可能因為對自己失去信心，而不易開啟下一筆交易。或者，面對遺憾的心情，對於已經不值得常抱的股票，仍不願意停損。

如何避免情緒影響決策

首先，會有遺憾的投資人是個負責任的人，才會產生這種情緒。但是我們必須接受不完美這個事實，盡速整理好心態，不要沉溺在後悔、遺憾、感傷的情緒；不要持續想當初「應該怎樣……」。學著前面兩位往前看的企業主，**承擔結果，把遺憾的經驗，當成人生的養分，讓自己成長。**

制定停損點和停利點。制定停利點可以讓投資獲取合理的利潤，制定停損點可以避免情緒干擾投資，不需要最後演變成虧損過大的鴻溝。並且把遺憾的經驗和原因分析記錄之後，作為行為修正的教材。

此外，面對市場蕭條的行情，如果持有的投資標的物仍有成長性，投資人可以考慮持有。如果是有成長性的股票，或可考慮以領取股利的心態來長期投資。但是，如果到最後連股利都發放不出來，就應盡速認賠出清。

驚訝

驚訝指的是當我們自認不可能發生的事情發生了，因此產生的情緒。以交易市場的角度來看，驚訝通常來自突發的市場變動，與投資人的預期有差距，可能是突然漲太高或跌太深。股價突然漲太高，可能對作空的人是種驚訝；突然跌太深，可能讓作多的人深感意外。

二〇二〇年，美國五月就業報告顯示，非農就業人口增加兩百五十萬人，許多不看好經濟前景的投資者，在非農就業報告發布後，表示數據令他們驚訝。當天的道瓊工業指數開盤大漲七〇三．七四點；標普五百指數上漲六二．六五點；那斯達克指數上漲九五．八一點。

二〇一七年底，投信公司調查歐洲的投資人，對未來六個月經濟前景的看法。調查結果顯示，當時投資人對歐洲市場的投資情緒非常樂觀；投資人回答，如果接下來六個月，也就是二〇一八年六月，遇上經濟蕭條，會讓他們感到驚訝。實際到了當年六月，歐洲的經濟表現，依據經濟研究機構評斷，經濟復甦力道不強，有的國家表現不如預期。

未來經濟情勢該如何演變，任誰都說不準，投資人最好要有最壞的打算，留著一筆現金，不要全數投入金融市場。市場總是千變萬化，很難不發生令投資人驚訝的消息、變化。投資人可以做的應變，就是保持自己的靈活度及開放度，才能在面對驚訝和意外之前，先做好準備。

情緒觀察

有些相信長期投資的投資人，在投入資金之後，鮮少關心標的物是否有變化，對自己的投資標的已經生疏，平日極少閱讀公司財報，鮮少更新自己對市場趨勢的瞭解，因此對交易市場、投資標的物的趨勢及現況已經生疏。這樣的投資人有可能平日生活重心，都著重在工作或家庭，因此沒有餘力去注意自己投資。

還有些人，對投資缺乏研究熱情或不懂投資，導致與投資環境脫節。其實，即使長期投資、對投資沒興趣、對投資沒研究……，但是既然已經將辛苦積累的資金押注在標的物上，仍需要熱情和耐心，慢慢讓自己去瞭解它。因為，投資局勢可以在一個月內，甚至數天內說變就變；投資的公司也可能今天漲明天就往下跌，如果投資不勤加研究，白白浪費自己的資金，多划不來。世上哪有白吃的午餐，投資亦是。

如何避免情緒影響決策

建議投資人仍應該對自己的投資負責，勤做功課。即使是長期投資者，至少應該每隔一週就瞭解市場變化。有專家建議一季看一次財報，我個人是建議一週更新對市場最新動態的瞭解。

例如，從二〇二〇年的三月底，台灣股市跌落低點之後，過了一個月，又升到了相對高點。如果一個月沒有追蹤股市變化的投資人，必定驚訝於市場的極端表現。投資人應該要有一種心態「天下沒有白吃的午餐」，如果想要投資，就要付出時間瞭解。

驚訝的下一步可是驚慌，導致情緒性的決策。我知道有些操作短線的專業投資人，每天交易前，會因應市場變化，進行沙盤推演。這樣面對突如其來的改變時，不會因為情緒而衝動決定，畢竟所有的假想狀況，他們都已事前演練過了。

此外，**資產的多元配置，也可以讓投資人在市場局勢遭遇令人驚訝的變動下，對自己的資產發揮較充分的保護作用。**

焦慮 $

焦慮所造成的負面思考和情緒，容易對投資決策判斷失準。研究發現，當投資人感到焦慮時，會傾向做出低風險、低報酬率的財務決策；相反地，如果投資人感到沮喪，就會傾向於做出高風險的決定。感到焦慮時，所做的決策變得自我導向。這個研究主要是以西方的投資人為主要研究樣本，台灣的投資人可據此做為參考，觀察自己是否因為焦慮而影響自己產生不同風險類型的投資決定。

這是個資訊爆炸的時代，報章、雜誌、網路不斷投遞著大家要投資理財的口號，似乎預示不理財的人晚景會很淒涼。加上現在，零利率、通貨膨脹的事實正在發生，一般人、身為小資族的你我，身處在這種環境很難不焦慮。

焦慮什麼？不投資，帳戶數字會越來越縮水，本來傻傻地過生活，經過媒體一直強調，開始焦慮未來沒錢。不投資，聽到同事談到他靠存股賺退休金，已經存了七位數，又開始焦慮以後老了沒錢。不投資，聽到同學，有人出社會已經開始付了房屋頭期款，又開始焦慮。投資了之後，又遇上經濟不景氣，又開始焦慮投資的本金賺不回來。

心理學上有個名詞叫做「理財焦慮」，而之前提到可能遇過的情境，和理財焦慮相當相像。總是感覺錢少，總是被教育金、養老金追著跑，總是被迫聽到理財訊息、開銷總是大於支出。

情緒觀察

如果你對投資有興趣，時間可以幫助你財富累積。如果你老是想加速資產的累積，你極有可能會失敗，這就可能造成你的焦慮。焦慮帶來急躁、不想等待的心，焦慮可能讓投資人更貪婪，結果掉入陷阱。巴菲特說過，股票市場是讓財富從急躁的投資人，轉換到耐心投資者的有效機制。**急躁的人容易頻繁交易，提高參與股市的風險，投資的行為可能會偏向賭博心態。**投資人會頻繁交易，經常盯在螢幕前面，沉迷於數字上下波動。

如果你是個沒有信心的投資人；經濟蕭條時，看到很多人慘賠，會引發你感受不穩定和焦慮，過度的焦慮會導致投資時，精神壓力過大。對自己有信心才有助於克服內心的焦慮。

如果你偏好比較及好勝心強，內心應該經常可以感受到焦慮，不僅僅來自財務方面的焦慮，可能生活的其他層面，只要讓你感受到有些許威脅，就很容易陷入焦慮中。

如果你對理財目標、生活需求，所需的金錢是多少，並不很清楚，那就有可能陷入腦補式的焦慮。可能你已經有車，或單身根本用不著那麼多錢，可是你看到別人買車子、買一堆股票，開始操心自己沒有跟上他人的腳步，也可能引發焦慮的感受。

如何避免情緒影響決策

身為投資者，我們必須盡量保持頭腦理性及判斷客觀，並盡可能研判出適合自己個性的最佳投資組合：**如何配置高風險和低風險投資**。如果我們控制情緒的能力提高，可以試著提高風險承受的比例；反之，如果我們發現自己因為投資而焦慮到睡不著覺，就應該降低風險比例。分散投資，把資產分散至較低風險的金融商品，不冀望過高報酬率，以5％上下的報酬率為準。

投資人如果對可能或正在發生的事情，總是有太多想像式假設，可以多和朋友聊聊，讓自己不要自我侷限想法，並思考是否可以把投資交給專業人員處理，避免自己的焦慮和急躁主導投資結果。

另外，長遠的眼光是取得成功投資最重要素質。拉長投資時間，可以幫助資產累積。分批買入，不將資金一次買光所有股票。短期投資可能會讓自己的情緒被多數投資客帶上帶下。長期而言，通常是基本面驅動市場。

訓練自己加強耐性，轉移注意力，把時間分散在有興趣的嗜好上：運動、園藝、繪畫、攝影……都好，不要經常沉溺在3C螢幕中找機會交易。

憂鬱

憂鬱的情緒，會讓投資人放棄交易。有句話說：「投資失利可能比情緒憂鬱容易復原。」即使我們自認為相當理性，但這也並非出自完全客觀的判斷。已經有相當多關於情緒如何影響決策的研究說明，情緒在做決策的過程中，有著非常重要的影響。

「董氏基金會」提到幾個容易罹患憂鬱的環境，其中有共同的特點，包括：

（1）有時間壓迫性和人際競爭性的工作；

（2）需頻繁調動工作內容或地點的工作；

（3）缺乏共同工作夥伴的工作環境，必須獨自承擔壓力者；

（4）缺乏社會認同感、自我成就感或滿足心理需求較低者；

（5）作息不正常的工作。

而必須在高壓力、短時間、承受報酬結果的投資人或金融從業人員，便屬於較容易有憂鬱情緒的族群。金融從業人員因為處於有時間壓迫、可能需要獨自承擔壓力，或是像期貨業操盤人員，可能得日夜顛倒，都有可能屬於憂鬱的高風險族群。投資大失利造成的突發性經濟危機，而這個危機可能演變成長期的財務壓力，也可能造成情緒上的憂鬱，而使投資人患有酗酒、抽菸、藥物上癮……等。

情緒觀察

投資人如果擁有憂鬱情緒，一般而言會無精打采、對投資提不起勁、一整天躺在床上都不想起床……；睡眠狀況也可能呈現兩種極端，不是失眠睡不著覺，不然就是重度嗜睡。重度憂鬱會使得工作和生活都受到影響。嚴重時，甚至會因為投資失利引起想結束生命的念頭。投資人會因為有輕生的念頭，而可能開始有預先準備的計畫。

除了睡眠的量和之前不一樣，憂鬱會讓人食慾不振或暴增、疲倦、胸悶、抱怨身體處處不適或無力等等。輕度憂鬱的人可能會感受到自己變得不一樣了，以前可能遭遇壓力或挫折沒有這麼悲觀，可是現在有所不同。

情緒憂鬱的投資人對自我價值過度看輕、負面思考、經常注意失敗細節、責任感過重。根據「董氏基金會」的研究調查顯示，過度追求完美、時常產生負面思想的人，較容易有憂鬱傾向。憂鬱的人可能因為過度要求完美，因此很難接受投資失敗；也可能較不懂得轉念，把失敗當成是成功的養分，吸取經驗。

投資人的重度憂鬱可能會因為一次失敗，而自此都不再接觸投資一事。如果還有接觸投資，也會因為對自己的判斷不夠有自信、思考過於負面，而做出負面決策。這些人同時也可能認為自己生命沒有價值。

如何避免情緒影響決策

建議有憂鬱情緒的投資人不應再投資，應該把投資交給可以替代的人處理。遠離引發憂鬱的情境，例如波動高的金融市場。找醫生就診，定期回診、按時服藥。並且適度轉換生活情境及工作情境，多運動及接觸大自然，遠離高壓力工作場所。

驕傲

投資人對投資的信心，可以來自於過去曾經有過正確的判斷、獲利的結果。但是自信的投資人對於未知的市場局勢，仍應謹慎的觀察。當自信過盛、膨脹的自我，便可能衍生出驕傲的情緒。並且拿自己過去的經驗、成果，和他人比較，自滿於自己的表現，進而流露出鄙視、輕視。

驕傲的缺點是，著重過去的表現，導致於對未來的變化，可能較為無知、無法預防及準備，也導致投資人高估自己的知識、風險和控制事件的能力。當投資人自認對市場的變化在自己的掌握之中，投資人膨脹自我，使得交易頻繁，即使顯然不是對情況有掌握，甚至是幻想自己能準確預測瞭解一切。例如，投資人相信自己買入的股票比賣出或不買的股票更好。

驕傲的基礎來自過去的成功、相信自己可以掌控未來。但是，遇到市場不能預期的突發變化時，驕傲的人如果不能躲過，可能會對自己的交易虧損羞於啟齒，或逃避檢討交易時所犯下的錯誤。

情緒觀察

驕傲可能導致偏見，偏見會產生放大交易量、提高交易頻率、賭一把的投資行為。或是，投資者期望獲得高於平均水準的回報，但對未來的掌握利基在自己自滿的猜測，可能會埋下失敗的因果。如果不幸不能如預期地獲利，投資人可能在心理上將有相當大的衝擊、失落、提不起勁，以及不承認虧損。

還有，投資人一旦有了驕傲的心態，可能會炫耀自己的投資成果，喜歡比較、輸不起。甚至，對於自己的交易虧損羞於承認、不願意面對及檢討交易時的錯誤。有時，驕傲的情緒會牽引投資人為了證明自己判斷正確，而不依照原定交易計畫執行、導致下了錯誤的決策。

如何避免情緒影響決策

堅持自己的投資紀律。回想自己當初投資的目標，不要迷失在證明自己比市場聰明的意念中，並且避免與人互相比較，藉以證明自己的優越。不要訂出超過自己財務風險的投資報酬率。有句話說：「自滿的人就像聾子和瞎子，只聽得到自己的聲音，因此導致自己的失敗。」

我認為提幾個問題自問自答，或許可以清醒一下自己的腦袋，瞭解可能在買賣交易當下，還有其他自己不知道的事正在發生，並提醒自己是否願意概括承受買賣背後的風險。例如：

1. 如果要買入某個標的物，其他人正在賣出，我知道其他人不知道

的訊息的可能性有多大？

2. 如果我在賣出，那時其他人正在買入。我知道其他人不知道的訊息的可能性有多大？

投資者對市場的變化永遠要抱持著敬畏謹慎的態度，並且保持開放的心胸，多參考不同的市場建議及分析，免得讓自己因為驕傲而遭遇風險。

嫉妒

或許我們曾經羨慕別人擁有的東西，不論是精準的判斷或特別的消息，這都會讓我們有想效法學習的動機。而如果因為羨慕，產生負面情緒的怨恨，那就是嫉妒。嫉妒的情緒如果持續蔓延，我們會越來越不滿足。而且，嫉妒會產生更深的比較及復仇的心，這會影響交易行為往失敗的方向發展。

避免嫉妒或許不那麼容易，身處在一個資訊發達的時代，訊息傳遞相當快速，我們不需要花費很多時間；不論是自己主動搜尋或被動聽到、收到；我們可以在很短時間之內，看到許多短期致富的真人實事。

於是，我們可能會質疑這個世界太不公平；這些快速致富的人沒有像我這樣真材實料，憑什麼他們可以擁有更多的財富！因此，我們糾結在這不公平當中帶來的痛苦。這種嫉妒帶來的怨恨及痛苦，可能讓我們鋌而走險，投資時承擔比平時更多的風險，或甚至用不正當的手段求取快速致富。這些都絕不是一件好事。

情緒觀察

嫉妒心起，會讓我們貪快、貪暴利、只在乎獲利，以及好勝。投資人如果偏好拿自己的投資獲利和他人比較，將演變成不在乎交易的過程及原因，而失去投資的理性及判斷力。

為了平衡嫉妒，投資者可能會改變原先設定的投資策略及目標。例如，本來是長期持股的價值投資者，因為聽到多空時期作空的朋友，講述自己的獲利暴增，便轉換自己的投資方法，模仿這些朋友。或是，聽到牛市當中頻繁進出交易的同事，一日之間獲利數倍，因此賣出自己長期持有的有價證券。

嫉妒會使投資者做出不明智的決定和衝動性投資。嫉妒心重的投資者，對自己的投資成果沒有信心，擔心自己的報酬率不如其他人。加上，不知道自己已經迷失在追逐多多益善的投資價值上，便會產生嫉妒。嫉妒心一起，可能產生貪婪的念頭，把投資變成像賭博遊戲一般，去操作。

如何避免情緒影響決策

巴菲特的合夥人，查理・蒙格說過：「總會有人比你更快致富。這不是什麼稀奇的事。」如果投資人太在意他人外在物質上的成就，沉不住氣、情緒凌駕了理性，那麼嫉妒心會驅使投資人下錯的決定。投資者都必須**花時間思考，及找出、認清最適合自己個性和財務能力的投資方法**，找出適合自己的方法後，才能夠沉得住氣、堅持自己的投資立場。

記住自己的投資目標，把投資目標放在自己身邊顯眼之處，常常提醒自己，不要迷失在金錢堆疊的股海波浪中。記住投資是讓自己邁向心靈自由、財富自由的工具之一，而不是為了投資變成金錢的奴隸，障蔽自己的投資目標。

CHAPTER 4

市場震盪對投資者身心的影響

憂鬱症

案例

二〇一五年台股在利空壓境下，曾有一天盤中一度大跌五八三點，創下當時最高跌幅，讓許多投資人崩潰。一位事業有成的台商劉先生，本身就有憂鬱症病史，當時自認投資眼光精準，他為了瞭解投資的公司營銷項目，還特地去買它們的主力產品，分送給眾多親朋好友，為的就是要親身體驗，知道公司是在做什麼。

他於二〇一五年大膽砸下千萬積蓄，重押同一檔股票，卻沒想到在當時利空的情境下，股票下跌好幾成，因此導致憂鬱症加重。他一開始不敢讓家人知道他賠光了積蓄，只好向同為台商的朋友借生活費。

他在家半個月來足不出戶、不敢見人。後來在家人引導下，劉先生向精神科求診。家人跟醫師提到，劉先生在家中，食不下嚥，整天關在房間內，不開燈，不時喃喃自語，自責自己投資失敗，或是一整天躺在床上不想動，但睜眼睡不著覺；還把房門反鎖，家人只能在門外呼喊、用紙條塞門縫，傳訊息給他才能溝通，劉先生整個人都活在對自己的懊悔、自責當中，覺得人生沒有希望。經醫生告知是他得了憂鬱症。

經濟蕭條下的產物

經濟蕭條時常見的情緒低落是憂鬱。回溯歷史，二〇〇八年金融海嘯期間，美國人使用抗憂鬱藥物的人數大增，精神病院、身心科收容的人數也提高，這些都是因為財務縮水讓財務壓力提高。相關研究報告同時提到，金融海嘯過後，這種因為經濟因素使心理健康受到負面影響的現象，仍在持續中。

在二〇〇七至二〇〇九年金融海嘯期間，憂鬱症病例大為提高。這不僅僅只是發生在美國，而是全世界皆然的普遍現象。絕大部分可歸因於環境蕭條，導致薪水階級面臨失業。因為失業，造成財務上沒有穩定收入，財務受到衝擊、收入銳減，或是沒有收入導致付不出貸款。這類情緒憂鬱者，多屬家中的經濟支柱。因為受到經濟衝擊、又要支付家中開銷，在雙重夾擊下，導致這群人容易情緒低落，甚至自殺。

二〇二〇年投入股市的新開戶，可能多半是各國央行實施寬鬆政策，利率下調，不希望資金只放在銀行做定存，被通膨打敗，因此把銀行存款投入股市中。但當年初股市進入空頭，與當初預期的趨勢大相逕庭，現實和理想產生極端落差，加上重砸本金在股市上，因此失落和失控感上升。在當下，醫院身心科的求診病患增加了；許多人一進診間就是抱怨自己吃不好、睡不好、心神不寧，整天開心不起來。一問之下，求診的原因大多是資產縮水，心情不佳。

解藥於來自關懷網絡

此外，調查發現，經濟上的衝擊，對於教育程度低的工薪家庭衝擊最大；例如未受過大學教育的人，更容易表現出憂鬱的情緒波動。因為教育程度低的工薪階級，一旦遭受經濟衝擊，往往因為教育水準有限，找到工作的機會更少。因此工薪階級的人面臨經濟蕭條，更顯脆弱。

憂鬱和失去工作相關，但如果有家人支持、友伴關心、社區慰問，不論是來自物質的或非物質的雪中送炭，皆有助於情緒憂鬱者減輕憂鬱狀態。反之，如果憂鬱者無法接受到家人、朋友、社區支持網絡之間的社會互動、關懷，可能會在被解僱後，進一步加劇心理上的挑戰。

來自歐洲的研究發現，經濟衰退期間的收入損失，容易導致年輕母親的抑鬱症加劇。而其中最主要多是負擔家計的單親母親。單親母親多為社會中的資源弱勢，他們在經濟起飛時借貸買房，遇到經濟蕭條，則擔心付不出房貸，不但有可能失去房子，還會失去面子。

如果你以為這些政府都可以幫助，那可不一定。經濟不景氣期間，不僅會有更多的人面臨心理健康問題，他們獲得幫助和支持的地方可能會更少，因為在西方國家，失業通常伴隨著失去健康保險，這可能導致應該接受心理協助的人，延遲或無法尋求醫療服務。此外，當經濟惡化時，政府用於精神衛生支持服務和計劃的資金，通常會被削減。

憂鬱的思想、憂鬱的心情，如果沒有經過協助或醫藥治療，持續讓憂鬱繼續擴大蔓延，很可能演變成對自我價值的不重視，以及鑽牛角尖、不愛惜生命等行為。

躁鬱症

案例

二十五歲駐北京的英國財經記者馬可斯開始投資股市後，他發現自己幾乎變成另一個人。在他以新手投資者進入股市前，他非常熱愛工作，工作之餘他喜愛當個背包客，喜歡四處旅遊。黄山、洞庭湖、新疆，甚至越南、柬埔寨、印尼等鄰近國家，都有他的足跡。馬可斯擅長與人交往，同事們都喜歡他隨和的個性，認為他是個可共事的好夥伴。

二〇一五年是馬可斯重大轉變的一年。當年的中國股市，就像雲霄飛車一樣，經歷了幾次劇烈漲跌。投資者心情從獲利的滿心歡喜到飽受損失的無比悲痛；馬可斯也是其中之一。他對中國股市一知半解，卻想從其中獲利，於是拿著幾乎是他所有存款的微薄資本進入股市。自從他認識股票，並且開始參與交易之後，開始變得異常易怒，幾乎處於神經衰弱的邊緣。當牛市變成熊市時，他開始無法控制脾氣，經常會變得憤怒，突然無緣無故地發出尖叫。當熊市持續幾個月後，經濟蕭條降臨，下跌的機會更常見。馬可斯說：「當所有指數突然變成綠色、股票下跌時，它很容易嚇到我。」

馬可斯為了彌補投資虧損，四處向朋友借錢。錢都湊齊之後，他很興奮，期待回本。他改押其他投資標的，試圖扳回一城，只可惜他的眼光不精準，對市場研究不透徹，借來的錢又賠光。「股市下跌時，我感到非常沮喪和遺憾，什麼事情都能觸發我的怒氣。」馬可斯說，他只是想在牛市時賺一點錢，但由於股市崩盤，他遭受慘敗，他損失大約八萬元人民幣，這是他工作以來第一個投資，幾乎敗光了他所有的積蓄。

情緒上的反覆

馬可斯一時衝動砸重金投資、事後反悔的狀況，可能與躁鬱症有關。躁鬱症發作會有持續的心情轉換：異常興奮、容易發怒、發怒之後又變得抑鬱失落。除了情緒上的交替、多變、激動外；行為上，親友會感受到患者變得多話、注意力分散、睡眠需求少、思考不連貫，或是活動力異常提升。

精神狀態如長期緊繃，讓大腦機能失調，從而引起情緒上下交替起伏的精神問題，讓情緒中的自卑、焦慮、憂鬱、自閉、疲勞交替出現。面對躁鬱患者的治療，醫院會建議心理諮商及藥物，雙管齊下。醫療上的方法是希望瞭解躁鬱背後的成因、知道成因之後才能對症下藥，除了改善躁鬱者的心態，同時協助他們建立支持性的人際網絡、回歸正常的生活作息，以避免病情再度復發。

指數會讓人得精神疾病嗎？

國內曾經有相似研究。資料來自林忠樑教授、陳欽賢教授、劉彩卿教授等人，合作進行過的一項研究，名為〈股價會讓人得精神疾病嗎？〉蒐集一九九八年到二〇〇九年股市行情資料進行分析。主要是調查股價波動與因心理狀況需要住院治療的人數關係。結論是當中有存在明顯的關係。

研究發現，台灣證券交易所市值加權股票指數一天下跌1%，會使患有精神疾病的住院人數增加0.36%，而台灣證券交易所下跌一千點，精神患者的每日住院治療率增加了4.71%。如果指數連續下跌五天，第五天就會增加1.6%的住院率。

研究者其實有明確說明，指數並非造成住院人數增加的直接因素，但是，指數之所以下跌，代表背後的衍生出的經濟因素會影響個人生活品質，例如：資產縮水、裁員、薪水收入減少等等。

高風險投資不適合身心症患者

經濟蕭條期間，容易造成躁鬱症患者因為外在環境的影響，藉由飲酒而借酒澆愁，或是以暴飲暴食的方式，宣洩壓抑的情緒。事實上，不只有躁鬱症患者會暴飲暴食、借酒澆愁。據調查報告指出，在經濟蕭條期間，**人們對物質濫用的依賴性都會增強。這種物質依賴，還包括：抽菸、藥物濫用等不健康的上癮行為。**

可以說，忽躁忽鬱的情緒加強了暴飲暴食、飲酒、藥物濫用、抽菸等有害健康的行為，而當躁鬱者一旦有物質濫用的行為，卻又加強了他們的自責、後悔。悔恨自己的控制不住、悔恨自己害了自己。到頭來，這些自責又加強了躁鬱的情緒。

如同馬可斯，躁鬱者因為景氣差、股市波動，造成的情緒起起伏伏，嚴重時會影響社會功能及人際關係。如果已知有躁鬱症狀者，應減少接觸波動大、高風險的投資行為。

自殺

案例

一位曾經被譽為中國當代的傳奇投資客，也是知名期貨書籍作家，他過去任職於對沖基金的基金經理、北京某投資工作室創辦人。於三十六歲時，因為投資期貨失敗之後，選擇跳樓自殺。

這位當代知名的傳奇投資專家，原本在北京的股市和期貨市場中從沒沒無聞，靠著才華和努力，逐漸在市場上有備受尊敬的知名度與口碑。當中，他經過近二十年的累積。這二十年當中，他不斷累積股市及期貨投資經驗。他用盡心血以多年經驗，自創了績效驚人的操盤系統，並以這個系統創造資金帳戶，快速在一年當中，提升二十倍的成果。

二〇一五年中國的上海及深圳兩地股市暴跌，導致許多股民的投資血本無歸。據中媒的官方說明，這次中國股災，是兩大私人集團人為炒作因素而導致的。隨後官方並逮捕及沒收炒作得來的資金。這位投資客自己承認，在這波股災中，他判斷失誤。他重押的投資，反讓他多年累積的投資心血付之一炬，最終他選擇以破產的身分淡出。

在他生前的幾段留言當中，提到對當年股災的反思，表示二〇一五年的股災推翻了他之前累積過的許多成功投資策略。過去的成功經驗不再適用，他感到很茫然，認為在投資問題的核心上，有著自我的人性弱點。最後，沒過多久，就傳來他墜樓自殺的消息。

經濟動盪與自殺率

在經濟動盪和經濟不穩定期間，自殺率會增加。過去研究中，統計出二〇〇七年，歐洲和北美的經濟危機，導致一萬多例自殺事件。研究提到，自殺案例的增加和失業率息息相關：經濟不穩定，引發失業潮，帶動自殺率提高，失業引發的相關因素，還包括債務無法償還。

失業和債務在經濟衰退期會提高，導致自殺率被牽動，跟著上升。而且，不同的研究也提到，人們看待經濟不穩定的方式與自殺率的高低之間，有很強的相關性。人們對經濟前景的看法越消極，自殺的可能性就越高。

媒體的傳播效應

此外，媒體如何報導，對自殺率的帶動也息息相關。如果媒體上不斷出現股市震盪、經濟負成長、持續強調高失業率、物價上漲、通貨膨脹、企業倒閉潮等等壞消息，會強化社會大眾對經濟的負面認知，便可能會對大眾的心理健康產生影響。

最終，這些無情的訊息，降低了社會大眾的樂觀情緒，並提高了自殺率。而如果媒體可以客觀的說明失業增加、股價下跌，是正常的市場調節機制，那麼，便可以減少自殺的人數。統計顯示，消費者信心指數提高10％，自殺率降低1％。說明了個人理財觀念偏樂觀，以及對總體經濟抱有更積極的看法的人，實際上可以減少自殺的機會。

社會福利的配套

研究指出，政府提倡的社會保護措施，也可以緩衝經濟衰退的負面影響，減少自殺人數。然而，制定社會保護干預措施，需要對經濟受創的人口有深入瞭解，例如，幫助社會大眾解決失業和債務的危機。

在股價指數震盪、經濟大蕭條時期，政府如提高社會保護方面的支出，例如：失業救濟金、醫療保健和債務減免計劃，讓社會大眾可以減緩個人財務上的壓力，或能讓失業者重返工作的配套，或是加強精神醫療服務的資源，都可以幫助到弱勢的社會底層。類似的研究也提到，在一九七〇至二〇〇七年的歐洲經濟衰退中，學者估計在勞動力市場計劃中，政府對每人平均投資一百美元，會使失業與自殺的相關性減少0.4%。

美國近百年前於經濟大蕭條時提出的「新政」，減緩了社會上的心理不安。這次二〇二〇年的股災，多國立即推出失業救濟金，美國也有每家每戶可以領到的疫情津貼。再加上各國政府以無限寬鬆的政策，釋放現金來拯救股市、刺激消費經濟、發放救濟現金，可以減緩國民的不穩定情緒，有助減少自殺率。**結論是，政府在大蕭條期間提供的保護措施越多，造成自殺的不利影響就越弱。反之，當政府降低支出水平時，**

自殺率趨於增加。

多到戶外走走

以上的研究告訴我們，當我們面臨經濟停滯或股市波動期，為了自身的心理健康，建議心情容易受影響的人，少接觸媒體、避免被媒體過度的渲染，影自己的正向念頭。多出門去走走，有需要時找知心好友談談，甚至找專業醫生求助，都可以讓自己度過難關。

失眠

案例

柯南在大學時期有幸搭上台股多頭列車，靠著參與理財研究社學來的淺顯理財技術，跟著社團學長姐買股票，快速賺到人生的第一桶百萬資金。當時對理財專業還不精熟的柯南，第一次嘗到甜頭後開始想賺更多錢，於是融資買股，放大槓桿。

一九九九年，柯南買進一堆科技股，不料二〇〇〇年網路泡沫化，他不知道停損，下場就是虧損越來越大，大到回不來。那一次大虧，把他第一桶金的獲利及陸續投入的打工工資全數賠光，還因為融資及向親友借錢投資，導致親友不諒解、人情和金錢都負債累累。

畢業之後，還好他後來有了一份收入還算穩定的工作，原本負債的三百五十萬元，得以靠著小筆、小筆的工作收入，慢慢還清。二〇〇三年大盤開始止跌回漲，讓他再度賺得豐碩獲利，好不容易前債還清，沒想到二〇〇四年總統大選的「子彈事件」再度讓他下墜到深淵，這次負債擴大為五百萬元。

第二次破產後，柯南身心俱疲。他不停意識到自己是在負債的狀態下做交易，因此背負更大的心理壓力，心情非常沉重，不想輸更多。為了盡速把債還清，他每天只吃吐司、麵包配牛奶度日，因為輸不得所以夜夜失眠，甚至還掉髮！

是什麼導致失眠

二〇二〇年三月的股市震盪，我周遭有朋友晚上睡不著、心神不寧、心情失落。一種是不敢睡，整晚掛在美國期貨盤和股市研究趨勢。一種是因為股市導致的睡眠障礙，明明很累，但躺在床上懊惱當天的交易決策「如果當初，有賣掉……」「早知道……」，後悔自己決策不精準，睡不著。另一情況是，已經入睡但半夜又一直醒來，觀察歐美股市指數、閱讀美股新聞之後，再研究到清晨入眠；或醒來後即不打算睡覺，開始盤算明天要買賣哪些股票，睡意已被打消。

另外，還有人是一大清早就醒來，醒來後心情不好，擔心昨天的股市波動行情會影響資產、今天要上班無法看盤。因為睡眠品質不佳，使得隔天醒來有睡跟沒有睡差不多，整日疲倦或缺乏精力，難以集中注意力或覺得腦中一片空白。

經濟不佳與失眠

二〇〇九年，台灣睡眠醫學會的研究顯示，當時台灣將近有五百萬人罹患失眠，約佔二千三百萬人中的22％，而二〇〇六年約為12％。由於全球經濟衰退帶來全民經濟憂慮，引發失眠人口三年間上升將近10％。遭受慢性失眠困擾的台灣人，在三年內人數幾乎可說是倍數成長。報導中說明，失眠的人口增加，很大的原因是由於失業造成，因為台灣於二〇〇八年陷入經濟衰退，使得工作不穩定的人數增加。當時，許多企業面臨裁員，以及要求員工在家放無薪假。

芬蘭曾經研究過，經濟不穩定時，對於勞工階層的睡眠品質，會造成較大的影響，對於其他收入階層的民眾則較無影響。因為經濟不穩定造成勞工階層的飯碗不保、收入不確定。一項美國的研究顯示，因為經濟不佳而導致的睡眠品質不良，原因來自於操心繳納不出定期房貸、車貸。因為上面這些因素導致的失眠比率，比金融海嘯那時期還嚴重。

睡眠品質逐年下降

依據美國網路調查數據提到，二〇一七年有65％的美國人，因財務問題造成睡眠品質下降，這個比率高於二〇〇七年的56％。最常見的失眠因素，是因為擔憂無法按時繳納醫療保健或保險帳單。對於學生而言，則是擔憂繳納不出學費；社會新鮮人擔憂繳納不出學貸，造成他們的失眠比率上升。

如果遭遇經濟不穩定、股市波動，可能會讓繳不出學費和學貸的情況加劇。在教育普及的美國，學生知道必須投資自己的未來，常用的方法之一就是加強投資自己的教育及專業。如果青年想往中產階級或更上層流動，教育是很重要的手段。只是對美國人而言，現在教育費用越來越高昂。

「新冠時代」的來臨

二〇二〇年報導，當年的畢業生因疫情和經濟不穩定，造成職缺大減，他們被冠上「新冠世代」。有學者甚至預估，二〇二〇年的應屆畢業生，工作機會比前一年少一半。依據天下雜誌二〇二〇年的報導，其中引用美國大西洋雜誌調查，顯示經濟蕭條時期的應屆畢業生，薪資會因為大環境的變動，而受到影響。同一報導也引述英國獨立報的調查，發現金融海嘯時期的畢業生，平均薪資比歷年的畢業生要低。找不到工作沒有收入，就算找到工作，收入也不算高，因此經濟壓力大的應屆生，擔負的財務壓力容易導致失眠，以及身心壓力不能平衡。

上述這些應屆畢業生、勞工階層，實屬就業弱勢的族群。遭逢經濟不穩定時期，沒有職場經驗的應屆畢業生，以及教育程度不夠高的勞工，可能是最受衝擊的就業族群。

心血管疾病

案例

據報導，某證券公司在上海的交易大廳內，一位六十五歲的股民林老太太突然猝死在交易電腦前。隨後趕到的兒子表示，老媽媽的猝死可能與股市走勢有關。當時大盤指數一度回落，急於拋出手中持股的林老太太在操作的時候暈倒。她是交易新手，熟悉多頭的交易，但是害怕下跌、空頭的環境。但是越害怕的情境，越容易在不經意時來臨。

二〇〇七年的陸股，像是被打了強心劑，數年不見的熱絡交易景象再度回歸，引得許多人紛紛入市，每日新開戶數不斷創下新紀錄。有資料顯示，在這些新加入的股民中，很多是中高齡的銀髮族。這些中高齡退休族群，自認空閒時間多，便想到去交易所觀察股市、打發時間。可是，股市變幻莫測，中高齡的新手不見得能適應這種環境。

隔年，金融海嘯席捲全世界，霎時從天堂掉進地獄，並不是每個人都做好準備去適應這種千變萬化的環境。這些退休或銀髮股民，在當年從事股票交易的過程中，頻頻發生暈倒、猝死等事件。金融海嘯之後，在大陸證券交易大廳一再發生類似事件，輕者暈厥、重者當場死亡。

投資市場對心血管疾病患者的刺激

證券交易所裡交易頻繁，股票數字上下跳動，容易引起精神緊繃、焦慮、血流速度加快、心跳頻率提高、血管收縮劇烈。一般人身處在如此緊張的環境中，都不一定經得起這麼大的情緒張力，更別說是年紀大的長者。此外，心律加快時，血壓容易升高，冠狀動脈疾病患者容易舊疾復發；腦血管症狀患者也可能導致腦栓塞、腦溢血等急症。如果血壓波動巨大，則會使人陷入腦中風、癱瘓、心肌梗塞等突發危險中。

與一般人相比，投資人面臨更高的焦慮和健康風險。因為投資人在市場的損益，直接牽動他們的命運。在某些情況下，投資者會欣喜若狂，以至於血壓突然升高，這對高血壓或冠狀動脈疾病患者非常危險。

投資市場的波動影響病發機率

美國「柏恩斯坦研究」和復旦大學教授組成的共同研究團隊表示，在中國二〇〇六年到二〇〇八年的調查中，分析上海九個區域對於上海股價指數波動，和上海地區心臟病發的病例是否有相關性。團隊發現，當股市指數下降一百點，即提高5.43%的心臟病死亡率，以及提高3.17%

的心肌梗塞發病率。股價指數每變動1％時，因為心臟病而造成的死亡指數平均增加1.9％。

二〇一一年發表在哈佛醫學刊物的一篇調查。二〇一〇年美國杜克大學的研究人員，調閱前三年接受心臟檢查的病歷，將每月的心臟病發病率與股票市場波動進行了比較。在調查病例的一萬多人中，在金融海嘯的經濟蕭條期間，也就是二〇〇八年九月至二〇〇九年三月的半年中，心臟病發作呈穩定增長趨勢。

台灣學者陳欽賢曾經於二〇一三年，以中風和股市指數的關聯性為主題進行研究。研究中提到，年紀大的長者承受中風的風險較大。六十五歲以上男性最易受股市行情影響，當股價重挫，這個年齡層因中風而住院的機會最大。在股價下跌而導致中風住院的男性中，六十五歲以上患者比四十五至六十四歲多逾兩倍，比二十五至四十四歲多逾五倍。當時發現股市加權指數一天跌1％，當天因中風而住院的病例增加約一點五八人；一天跌2％，住院病例更將增約四點三人。那些砸重金等候獲利的投資人，因為股市上下而使得血壓飆高、失眠。如果多檔股票跌停、使股市加權指數1天內重挫達6.5％，當天因中風而住院的病例增加約三十一人。而股市加權指數一天漲1％，當天中風住院病例會減少約零點四二人。

心血管疾病發作的壓力來源

有學者於調查中，請就醫的病人回想發病剎那的情況，藉此分析病因。報告中指出，當這些病人緊急送醫前，都沒有什麼異狀，但是當遇到股市的下跌，這些投資者會開始心情鬱悶、不開心，越這麼想越加速血壓上升、提升失眠頻率。除了指數下跌引起波動，有投資人也曾因為指數急劇暴漲，興奮過度，導致血壓升高。不論指數暴漲或暴跌，都會讓心臟功能不佳的患者，承受更大的壓力，而需要緊急送醫治療。

依據上面的許多研究，建議患有心血管疾病的投資者，以及情緒容易激動的銀髮族，盡量不要把投資高風險商品，當成是主要收入來源。以防止身體健康出問題。

中高齡投資族的健康

案例

鄧伯伯退休可以領到約兩百萬的退休金。他是苦幹實幹的工地工頭，平日生活規律，看看報、抽抽菸、喝點小酒，不懂投資理財，如果有餘錢，只會放在銀行。二〇〇七年，鄧伯伯去銀行領錢，遇上理專推銷、勸說，他用退休金購買指數連動債。理專特別強調三年就可以獲利回收10%以上甚至更高，可以用來好好養老。於是，鄧伯伯一時情緒勝過理智，相信理專的推銷術，當下就把退休金的一半以上，投資在理專推銷的連動債上面。一年後，鄧伯伯的女兒聽到同事講到連動債慘賠，她馬上打電話給理專查報酬率。一查之下，馬上發現那筆投資慘不忍睹，這消息讓鄧伯伯又心痛又生氣。

知道自己投資大虧的鄧伯伯，變得悶悶不樂、沉默不語。以前會去公園找朋友聊天、唱歌，現在完全沒有心情和老朋友談天說地。鄧伯伯菸抽得比以前更凶、酒也喝更多，以前喜歡的電視節目都不看了，到了晚上需要安眠藥才睡得著覺，他內心不時自責自己拖累了女兒。一心想再重回以前的工地上班，再把投資失去的錢賺回來……

經濟衰退時，衝擊最大的族群

有些退休族會把畢生積蓄重押在股市，當美股和台股指數紛紛下滑，便會壓縮退休族的資產，本來這些資產可以長遠使用二十餘年，因為股市無預警下跌，資產大縮水，煩惱變多、心情憂慮。學到經驗之後，他們選擇把剩餘的資金放在最保守的商品。

美國曾經調查過，受經濟衰退或股市影響最嚴重的人，是那些退休所領到的保險額度不高的人。於金融海嘯期間，美國很多老年人沒有在這之前出清股票，因此資金遭受巨大的損失。他們被迫改變退休計畫。

在歐美國家，投資資金上的損失，最直接的影響是繳納不出醫療保險的老年人，他們面臨失去健康的風險。為了可以繼續繳納醫療保險費用，有些老人被迫再度回到職場。一項研究發現，在經濟衰退期間失業的中高齡勞工，比一般時期失業的中高齡勞工，死亡的風險更大。因為失業導致他們在飲食、醫療、保險的支出被迫減少，因此間接提高了死亡率。而在經濟衰退期失業的中高齡勞工，比年輕勞工，承受更大的心理壓力。

經濟蕭條投資失利的老年人，除了可能會回到職場，同時也可能選擇有病不看病、延遲就醫……，他們會試圖減少用藥及就醫的支出，這本身就是一個影響健康的行為。

一項歐洲的研究提到，在二〇〇八年經濟衰退期間，五十至六十四歲的中高齡人口，若失去工作，他們可能會有酗酒、抑鬱、死亡風險，間接影響中高齡族群的生命安全。男性在股價下跌、經濟受到影響時，較常選擇以酒精慰藉自己。但是若有配偶陪伴，較不易陷入憂鬱沮喪情緒中。相較於孤獨、低教育水平的長輩，如果家中的教育水準較高，這些人通常會自己認為自己是健康的。

保本至上較適合銀髮族

總之，我們可以瞭解到，銀髮族、中高齡人口，健康和體力，畢竟不比年輕人。尤其是年老長者，本身就屬於健康較脆弱的一群。老人的智力、體力、免疫力，都不像他們二十歲那樣的健康、靈敏、有活力。一個年輕的投資者可以隨時上網吸收新知、充實自己的投資專業，且年輕投資者較能嚴守紀律投資。隨著中高齡人口的年紀漸長，思考力可能會下滑、判斷力可能會偏向非理性、情緒主導。而且銀髮族可能在吸收新知的速度，不如年輕人。

老一輩的器官機能，也不可能像二十歲時那樣生機勃勃。銀髮族也因為周遭人際關係的變化，喪偶、友伴離世，因此進入空巢期，心理上必須適應孤獨、生活上必須適應單身，這一切直接影響到他們的社會支持網絡。

本文並非要分析衰退帶來的負面影響，而是要提醒家人，要注意銀髮投資人的身心健康，莫因投資而賠上了健康和生命。如果老人心理較脆弱，又受到經濟上的雙重打擊、投資失利，很有可能連帶拖累中高齡人口本人及其家人。因此，針對銀髮族的財務，建議不應以重金投資的方式，而應以生活夠用為原則，保本至上的保守方法為最佳。

影響工作表現

案例

阿亮自財經系畢業後，即在北部某銀行擔任行員，因工作表現優良，加上資歷豐富，年紀輕輕即被拔擢為櫃員主任。阿亮除了平日工作外，因懂得財經專業，加上對台股有一定程度的研究，經常操作短線交易而獲利，讓本薪已經豐厚的他，加薪不少。阿亮挑股的眼光精準，因此短線操作等待二至三個月，便可以得到不錯的報酬率。但是，隨著獲利次數增加，阿亮認為自己的技術已經更上一層樓。所以，他改以當沖的方法交易。

不幸的是，他因操作「當沖」，交易不慎，慘賠數百萬。阿亮想到自己上有父母，還背負百萬房貸，家計負擔相當沉重。在負債的失落及痛苦中，他決定鋌而走險，試圖把封膠的假鈔換真鈔，過了幾天都沒有人發現，他以為從此就可以高枕無憂。好巧不巧，當月，當總行主管蒞臨分行進行內部稽查時，揪出阿亮的不法行為，立即徹查阿亮經手的所有賬目，並予以法辦、革職。

工作時玩投資涉及瀆職

銀行行員因為投資失敗轉而監守自盜的犯罪案件，偶爾會上演。監守自盜的銀行行員最直接的結果就是工作不保，丟掉飯碗。但一般大眾又是如何呢？舉一個近期的例子：

二〇二〇年五月，某偏鄉國小校長，因為上班期間，頻繁交易、從事非公務行為，經過旁人勸阻，以及媒體披露，仍然堅持在上班期間委託券商買賣股票，除了對其懷疑爆料的教師事後報復，還在媒體報導當日的交易達到九十五筆。這位校長在三年半的過程中，交易金額將近二十二億元，不但被申誡警告，最後還被監察院彈劾。試想，這位校長的股票買賣鉅額交易量，需要相當的專注力及機動的交易決策，旁人無不質疑他上班時間到底能有多少精神，專注在校務辦公上。

不但影響工作也造成健康問題

在二〇二〇年的股災，影響了許多原本工作好好的白領階級；因為晚上失眠、憂慮，讓隔天的工作精神不振，工作效率不彰。這些人士當中，有些交易版圖擴大到美股，因此作息時間必須延長。為了資產不會縮水，下了班，時間一到晚上九點半，立刻聚精會神坐在電腦前，直到凌晨三、四點。

在那段時間，許多白領投資客會比其他同事提早到辦公室。一進公司又打開電腦，繼續盯著當日的日經指數和韓國綜合股價指數，瞭解亞洲這兩個重要國家的經濟情勢，是否會影響接下來一個小時後的台股變化，而恆生指數和上證指數的訊息也不漏接。當年三月，許多投資人都是這麼心情緊繃地過著，這樣的心情對於工作表現當然大打折扣。

我還有些上班族朋友，白天不敢這麼明目張膽的即時看盤，只得默默私下滑手機急著賣出股票，導致開會時心不在焉，或是邊看指數邊打報告。或者在上班時間，放著自己的工作不管，和同事們或網站上的投資夥伴，討論著指數的變動、哪個專家的分析見解如何、互相建議下一步的投資策略。

我曾經有朋友，在上班的休息時間，會打電話給交易員討論市場行情。雖說是休息時間可以作自己的事，但是這位朋友討論完，總引其他人側目，觀察他是否在休息時間結束後能夠收心，但就是給大家一種不務正業、不盡心的印象。所以我這位朋友，年紀一把了，老是抱怨上司沒看到他的努力、抱怨升遷和加薪的名單上，總忽略掉他。

股價上下波動影響工作心情

美國有一個房地產公司的老闆，利用上班時間炒股，賺了台幣近五千萬之後，分給四百名員工，犒賞員工在新冠疫情、經濟不景氣時，還能堅守崗位。這位老闆自己一毛都不留，員工格外感動。這大概是我聽過上班時間可以滑手機、買賣交易最名正言順的人。在股市波動期間，除了股價上下波動影響工作心情，還可能受到經濟波動下公司裁員的措施，失去平時工作的士氣。

國內曾經調查，公司在經濟不穩期，裁員時留任的員工若能覺得裁員的理由合情合理，且對待離職的工作人員提供應有的補償，留任的工作人員可以有較正向的工作表現及穩定的心情。反之，如果裁員的過程衝突不斷、氣氛不佳，那麼，留任下來的員工所形成的工作氣氛和工作績效，仍會受到裁員的影響。

生活品質受影響

案例

王先生與妻子結婚十多年，原本在製鞋廠上班，月收入不到四萬；婚前王先生以小資本股票，一次買一兩張，偶爾會小賺。婚後，碰上科技泡沫化，屢買屢賠，一賠就向下攤平。隨著攤平次數越來越多，就會打罵妻子及二名孩子出氣。如今王太太再也無法忍受，向王先生要求離婚，於是鬧上法庭。王太太向法官哭訴，王先生自結婚後從不顧家，時間虛擲在研究股票，並將所有薪水砸在股票上，不拿出來分攤家用，王太太不得不出去工作，平衡家裡的開銷。

她曾經力勸：「你沒本事玩股票。」但王先生反而更被激怒，堅持砸下大錢求得暴利。王先生後來嫌工作耽誤看盤時間，竟毅然決然辭去工作，每天待在電腦前緊盯股票動態，每次賠光本錢，就向朋友借錢再買，但隨後又再慘賠，惡性循環不斷；而王先生每每賠錢後就會情緒失控，打罵太太和二個孩子，甚至還將孩子的書包課本丟在地上出氣。王先生自從沉迷股票，慘賠後精神狀況也出現異常，經常徹夜不睡，凌晨時分走到陽台自言自語，或是熬夜盯著電視解盤，她為此心生恐懼，再也無法忍受丈夫失控行為，因此要求離婚。

不利於兒童的教育及健康

若投資者是家中重要收入來源的工作者，如果沒有良好的資金控管，一味地將資金投入股市，若市場的起伏造成虧損，會影響兒童或長輩的受照顧品質，以及家庭關係和諧。我周遭有許多單親媽媽，本來就經濟困頓，他們想藉由投資改善家境，出乎他們意料，當中有人投資不利，造成虧損，連菜錢、生活費都出問題。有的孩子還會因為家長投資虧損，連看牙醫、看病的掛號費都想省下來，最後小蛀牙拖成大病。這些切身的案例，可能都曾發生在你我身邊的親友之間。

如果今天是一個單身投資客，投資失利、經濟拮据，一個人吃不飽也就算了。但如果投資影響到家庭照顧品質、投資的資金是小孩的教育費用，等於是剝奪了家人的生存權和教育權。所以，情緒投資、衝動投資，並不僅僅是個人經濟層面會出現問題，還會波及到和我們最親密的家人的生活。

長者容易延遲退休計畫

二〇一三年一項美國的研究指出，經濟衰退、股價下跌如影響到資產，有33%的五十五歲至六十四歲的人會減少支出，包括：削減醫療保健、食品和其他費用；他們希望縮減支出，而選擇攝取較不營養的食物，並減少非民生日用品的消費。且會選擇用時間來換取支出縮減；例如願意多花時間在家做飯，而不是花錢外出就餐；盡量減少汽油燃料支出，改選擇大眾運輸代步。

美國調查的數據顯示，對家人的照顧品質也會因家庭經濟水準下降；例如，家庭休閒的次數減少、兒童教育支出如：補習、才藝學習的支出，不得不縮減。家中的長者也因為家中經濟受到環境衝擊，本來預定要退休的人，可能延遲退休計畫；屆齡退休者，可能選擇再出去找兼職工作，彌補家庭財務損失。曾有研究說明，家庭遭逢經濟打擊，長輩的資產縮減如相當於台幣三十萬的人，可能延後將近六年退休；資產縮水少於10%的人，可能延後將近四年退休，資產縮水10%或以上的人，可能延後將近九年退休。

離婚指數與投資的關係

出乎意料的是，經濟不景氣、遭逢熊市、家庭資產縮水，離婚率沒有上升。理論上的解釋是，家庭遭逢經濟環境的打擊，家庭中的伴侶需要在經濟上、心理上互相支援，因此選擇彼此將就彼此。而且在經濟不佳的狀態下，資產勢必大為縮水，伴侶如果離婚將得不到好的贍養費，所以寧願互相忍忍、暫時彼此委屈，即使伴侶互相看不順眼、有爭吵、鬧得不可開交，也寧願先捱過去，等到經濟景氣之後，再來談判、談條件。來自英國及比利時的研究皆有相同結果。

熊市對於近年來興起的一股FIRE（Financial Independence & Retire Earily）風潮，讓這些家庭，原本選擇簡約花費，盡速達成存款目標並提早退休的生活方式，受到考驗。因為資產縮水，讓這些家庭得縮衣節食，並準備最壞的打算——重回職場工作。

無獨有偶，美國的律師界，也這麼流傳著一個有趣的景氣指標：依據離婚案件數來預測景氣好壞。美國於二〇〇八年金融海嘯期間，許多專打離婚官司的律師表示，當大環境經濟蕭條時，離婚案件數會減少，而在經濟改善後，想要離婚的人則會增加。因此，離婚案件的多寡，可視為是經濟景氣的改善指標之一。律師們發現，不景氣落到谷底後的四到六個月後，離婚案件會慢慢開始增加。怨偶之間不想再繼續忍受彼此，加上彼此的資產將又回到景氣衰退前的水平，有助伴侶間離婚財產的談判。所以，當景氣好轉時，離婚案件有增加的趨勢。

CHAPTER 5

破解製造投資失誤的心魔

第一招：先分辨自己的投資動機

我們能不能分辨自己每個投資決定，背後的動機是什麼？我們發出什麼磁場，就會製造相同的事，像擺脫不了的迴力球一樣。講白話一點，投資的動機很重要。我曾經聽過，有人投資的動機是出於想要「穩賺不賠、迅速致富」。我個人認為，這比登天還難。

記不記得二〇二〇年年初，巴菲特坦言自己「犯了錯」，錯估航空股的上漲空間，最後認賠賣出？

一位活到近九十歲的世界級投資大師、研究了大半輩子的市場、背後有著精良的市場研究團隊。巴菲特都不能向股東保證他的交易「穩賺不賠」，更何況是我們這種只有利用閒暇之餘，偶爾閱讀財經新聞，把投資當副業的業餘投資新手？

想要「穩賺不賠」，說穿了，其實就是一種「執著」和「妄念」。太想「獲利」的念頭一湧起，是否無形中讓自己產生「投機」，助長心中的「賭性」？美國心理學家曾研究過投資人和賭徒的差異，發現投機式的投資，和賭博沒有兩樣，如果：

1. 克制不住自己——交易頻繁，交易只是為了交易，沒有明確的目的，有上癮的感覺。
2. 克制不住自己——花過多時間研究財經新聞和市場分析，影響正常生活、危及重要的人際關係、耽誤工作、翹課，或是會不斷和金融交易員討論市場行情。

3. 克制不住自己——試過停止交易或控制交易次數，但都沒有成功。

4. 克制不住自己——只要帳戶有錢就會去買股票。

5. 投資的方法越來越大膽，利用槓桿、期貨、選擇權等增加資金去投資。

6. 利用交易來分散沮喪的情緒、擺脫痛苦、逃避問題，且生活可能與現實脫節。

7. 虧損後，繼續買更多股票或更激烈的槓桿操作方式，想把賠光的錢賺回來。

8. 隱瞞家人和朋友有關自己投資交易的頻率和結果。

9. 為了股票會採取犯罪行為。例如：欺詐、盜竊或挪用公款等非法行為。

10. 依靠他人提供資金來緩解炒股的虧損。

我個人並不偏好「傑西・李佛摩」的投資方法，儘管我認同他是個難得一見的投資專家，但大起大落的生活方式、投資造成的情緒緊繃、憂鬱症上身，並非我想要的。我相信身心變質也並不符合大多數人想要的投資副作用。

畢竟，我們只是一般市井小民，我們只是想利用投資，讓自己繳孩子學費、長輩的醫藥費能輕鬆些；然後，如果有剩餘，偶爾再用這些錢犒賞自己或家人。我們的心願很小，所以不希望因為投資不慎、投機過度，把自己平靜無波的生活搞得焦頭爛額。

你有沒有試著觀察：當自己帶著太多的貪念，很容易產生交易決策上的失誤？貪念讓我們下決定時，不知不覺中染上得失心，得失心讓每個判斷失去客觀，因此我們會下錯決定。如果我們要求「穩賺不賠」，就是讓自己背負過重的精神壓力，壓力更會讓自己的決定產生偏差。凡是貪念、妄想穩賺不賠、妄想迅速致富，都是投資心理上應該要克服的障礙。

第二招：不被貪婪役使，不用「賺」錢的心態看待投資

打開財經頻道、網紅節目，大量的資訊教我們如何從市場投資中「賺」錢、怎麼「賺」更多、吸收越多……，使得我們原本設定的投資目標，就這麼迷失在氾濫的資訊中。我認為可以分成三個意義澄清背後的脈絡。

賺多少才夠

這個問題跟心魔有關嗎？

常說：「富貴險中求。」就拿我前面提到的那位親戚來看，他明明已經吃穿不缺，收入足以養活一家人，又擁有台北市精華地段的大豪宅，但他卻仍然想賺更多。顯見足以「過好日子」的財富，還不能滿足

他對「金錢富足」的要求，他想過著更錦衣玉食的生活。

而背後推波助瀾的，終究離開不了「貪婪」二字。貪念驅使他採取更高風險的方法取得金錢，而他想要的這些金錢，可能是一家人都不需要、多到還用不著的。他的家人健健康康、平平安安，沒有人癱瘓、重症，沒有人需要高昂的醫療費。他也沒有家人做生意不慎失敗、欠債，需要他幫忙還債。

他為了這些可能用不到、虛無飄渺的金錢數字，賠上了一家老小的幸福。當我再看到他時，他變成一個晦暗、讓人不想接近的人，他的言行舉止反映出內心被生活打擊後的疤痕。

想「賺」的背後始終有風險

「貪婪」也帶出風險。美股和台股已經多頭若干年了，這些年在這個浪頭上進入投資市場的淘金客，可能不用冷靜豐富的理財知識和理財頭腦，就可以收割不錯的投資報酬率。當年被風平浪靜吸引著下海的淘金客，可能都沒有料想過、承受過，有一天會遇到驚滔駭浪。有誰在嘗到甜頭時，會想到「投資一定有風險，市場投資有賺有賠，申購前應詳閱公開說明書」這句話。

所以，經歷過二〇二〇年的股災之後，我現在很多朋友，每當看到網站、節目又在鼓吹：趁機撿打折股、趁機存股等資訊時，心態已經成熟了、理智了，不再被催眠，並學會資訊不照單全收，冷靜分辨每項投資背後的利弊和風險，這就是「不經一事，不長一智」。

會賺又如何，能存下來的才是自己的

你是個「賺得多花得凶，賺得更多花得更凶」的投資者嗎？

我認為投資致勝之後，應該力求簡樸的生活。二〇一二年，記者去波克夏公司採訪世界首富之一巴菲特，發現他直到那時仍然使用他父親留下的辦公桌、開著一輛老舊轎車載著記者去住家附近四處兜風。是的，新聞畫面上，八十幾歲的巴菲特自己擔任司機，沒有請私人司機，開著車載著來訪的貴賓們自我介紹。即使他和子女們後來在加州，以投資名義購買了一棟奢華的海景別墅，巴菲特仍然喜歡待在內布拉斯加的奧馬哈舊宅，過著簡樸的生活。

如果我們花得多，得用更頻繁更大的交易去賺更多的錢，來填補自身的無底慾望。存下來，做好資產配置，以免為了求財疲於奔命，才是真正的自由。最後，我用對沖基金經理保羅．圖多爾．瓊斯的一句話來結語：

我一直在思考什麼事可能讓我賠錢，而不是如何讓我賺錢。不要專注於賺錢，要專注於保護自己的資產。

第三招：新手避免投機心態，寧願少賺也不要多賠

常出現在財經節目中的理財專家們，過去多少都有慘賠的經驗，最後悟出穩健投資的心法。看到這些專家們的心路歷程，我不禁佩服他們鑽研投資的熱情，以及承擔後果的勇氣。這些專家願意向媒體分享過去的教訓，對投資大眾而言，是難得的養分。

我們可以不必重蹈覆轍他們過去的錯誤，卻可從他們的經驗中找到正確的投資行為和心態。最後，歸納出這些犯過錯誤的專家、高人，在事後的反思，終究選擇走向穩健投資一途。他們用人生經驗換來簡單的投資概念：**寧可少賺，也不要重押、賺快錢，而導致多賠**。因為，一旦市場大賠，要再回本，要花上雙倍以上的精神壓力和時間。

除了現在我們看得到的專家，歷史上許多傳奇人物，也經常被拿出來點名：是川 銀藏、傑西．李佛摩、李察．丹尼斯，這些人稱之為傳

奇人物，奇在他們大起大落是他們的共同過程，最後的共同結局，則是因為破產、負債、或抑鬱自殺，消失在茫茫人群中，因而被後人稱之為傳奇。這些所謂的大師級投資者，善於短線交易、高槓桿，迅速在短時間內獲取財富。「錢來得快，去得也快」是他們的共同寫照。最後，不但留不住錢，更背負滿身的債務。

我相信，當大家開始瞭解投資是怎麼一回事時，會去注意哪些人曾經成功過、哪些人曾經失敗過，分析他們成功和失敗的原因在哪。這些歷史人物曾經在人生的某一刻，因為財富造就自我巔峰。就那一刻的人生橫切面看來，他們的時光暫留在風風光光、過著人人艷羨、奢華享受的人生，出入有司機、住在黃金地段。也因為他們的生活這麼高調，因此他們善用的短線投資方法，被世人津津樂道、仿效複製。不過，人生比氣長，從長遠眼光來看，這些人的錢當初怎麼湧進來，最後也是如急流般湧回茫茫股海了。

這樣的故事放到今天，可能也在我們最親近的朋友間發生。羨慕左鄰右舍那些擅長短線的民間達人，好奇他們如何在短時間內，眼光獨到，鎖定目標後，重押致富，讓一家老小從此不愁吃穿、不用工作，只需要擔心不知道去哪裡玩。

但，事實是這一輩子還沒走完，民間達人的故事也還沒演到完結篇，我們正在寫自己的歷史。我並非要看壞任何人，而是我們要衡量自己的能力，自問：世事難料，誰都說不準明天會發生什麼事，這件事會不會造成市場的大波動；而這個大波動，我們的能力是否可以應對、負荷。並且這些突發事件造成的財務負擔，不會影響我們的日常嗎？不會讓我們付出巨額的代價嗎？

最後，用傑西．李佛摩說過一句話：「所有的專業作手都不在乎賺錢或虧錢，他們在乎在正確時間做正確的事。他們知道利潤會隨之而來。」令我惋惜和感慨的是，講這句話的高手，曾經自以為正確的專業和正確，卻恰恰和當時的市場趨勢相反，最後，市場給他重重一擊的力道，導致他破產。而他的不在乎虧錢，也讓他最後走上自我消失一途。

第四招：有時不投資就是最好的投資

我有一個朋友，一整天不交易，就渾身不對勁，他自封是「股市過動兒」。即使沒有發現好的標的物，「股市過動兒」還是會在做夢時，想像自己交易的熱絡情形。二〇二〇年三月底，股市上沖下洗，過動兒的投資版圖無法順利延伸，他觀察黃金的價位慢慢拉抬高點，加上專家、媒體們，經常分析黃金的投資報酬率，因此，他按耐不住過動的心，把手邊一部分閒置的資金投入黃金存摺。他買在高點買了幾十萬，一下子就把這筆閒置資金用盡。隔天金價自高空下跌。你說，他該怎麼辦？

即使當時，標普500（S&P500）指數已從最低點回升近三成。同時期，台股在波段區間中震盪，面臨上不去的壓力，我朋友還是雄心壯志地想在股市成就自己。我心中的內心戲上演著：你就不能休息一下嗎!?

相較我朋友「股市過動兒」，巴菲特就冷靜耐心得多。不是說巴菲特不會看錯標的，穩贏不賠。他在二〇二〇年給波克夏股東的信時，跟股東們坦承，航空股認賠停損；並且說：「我們打算趁此採取重大投資，但目前沒有吸引我們的任何投資標的。」

我這位朋友，雖非波克夏的股東，但對這位大師時有耳聞，一聽到投資級的大師面對詭譎的市場，還能保持如此淡定的心境、理智的頭腦，再想想自己每天一早起床、梳洗後，就開始坐在電視機前面，收看前一晚還沒看完的財經節目，盤算著今天到底會漲、會跌，以及要不要投入資金，有種感覺自己要做大事業的氣勢。

頓時，他開始深思了起來。他反問我：「不研究股票，退休後，我還真找不到什麼事可以做。自從老公不在之後，我的孫兒都搬到北部，離我遠得很。」我勸他列一張清單，內容包括：出去走走、去公園踩單車、爬山、健行，找以前的同事、朋友出來敘敘舊。什麼事情都好，就是不要一整天坐在螢幕前，把自己宅起來。

第五招：依據市場趨勢及個人特質減少高風險投資比率

有一個公式可以計算出每個人的風險投資比：

風險資產比例＝（100-年齡）×1%

在參考這個公式時，請依據自己的個性特質、對投資的理解度，以及現在的市場趨勢，稍作調整。

大雄自認自己相對保守，風險比例完全跟公式建議的配置差了一截；不過他很心安。風險資產配置的公式，對當時才三十八歲的大雄根本沒有太大參考價值。他知道那種東西應該是很懂投資、很敢投資的人才派得上用場。沒有財務技術和理財知識的人，硬生生照著公式投入資金，只會禍害自己。除非自己很相信銀行理專，但他偏偏不適合找理專。因為他認為讓自己不太認識的外人代操，賺了就算了，但是賠了要自己承受，並不適合他個性。

剛好一位熱心的保險業務大姊知道大雄有一筆財產，力勸他：「我認識一堆退休軍公教人員，退休之後，閒置的退休金都拿去股市，上沖下洗之後，慘賠好幾百萬。」大雄想想自己也沒有什麼理財規劃，如果拿去買儲蓄險、外幣保單，雖然利息不如股息高，但總比被銀行通膨吃掉還好。

時隔多年，大雄沒想到居然會遇上二〇二〇年的金融市場大震盪。他回頭看當初做的決定，始終感謝當初那個傻憨憨的自己，和囉嗦要業績的保險業務大姊。如果當初他依照公式，拿出62%的資金投入股市，以他根本什麼財務觀念都沒有，錢可能沒半年就縮水一大半了。當年他保持低調，不太告訴朋友們他的理財方法，因為他自己知道，這個方法講出來，可能有些朋友會批評他過於保守。後來，大雄漸漸開始學習如何理財。把辛苦工作的薪水存起來，用存股的方式增加資產，不求暴賺、暴利。

二〇二〇年三月大跌，大雄只有感受到一點點緊張的情緒，在於他的股票投資比例不高。大雄是想要領長長久久的股利，所以這麼點壓力，他還可以承受得住。反觀當初嘲笑他的同事，因大多資金投入股市，日日夜夜緊繃的茶不思、飯不想。

第六招：面對波動局勢，落袋心最安

小洪是個朝九晚五的上班族，目前單身，平日利用存股的方式，用股息賺些零用錢，同時為將來退休做打算。在二〇二〇年總統大選後，他一直在期待五二〇行情。以過去歷史軌跡來看，他知道不見得有五二〇行情，單純只是他自己個人的心願罷了。他很希望真有這個行情，讓他可以有些小額收入。同時，他也擔心，二〇二〇年中之後的經濟數據，看起來並不樂觀，所以他希望趁早賣出，減少賠損。

「存」股存到最後，到底要不要賣？小洪一直在探討這個問題。尤其是二〇二〇年初市場波動很大。小洪想到的是，像他這樣一個辦公室公認的多金單身「貴」族，住在自購的小公寓，膝下無子女，自己過得相當快活開心。然而，在這個動盪的市場中，他的存股要存多少比例，以及要存多久？很多專家對存股的建議不見得適合小洪。這個問題很難從他所接收到的任何財經知識中得到結論，因為只有小洪知道，這個問題和自己的生涯規劃、家庭狀況息息相關。

他當然不希望在年初這個動盪不安的經濟環境中，上沖下洗把他的資產縮水了。他檢視了一下自己的持股，當中有國民ETF和塑化股、汽車股。最讓他擔心的是塑化股和汽車股，小洪發現它們很容易受大環境和經濟景氣影響，股價跟著上下起伏。目前最不擔心的是某檔國民ETF，因為大盤下去時它很抗跌；大盤一上來，它甚至跑得比大盤快。

於是小洪心裡有了答案，他知道能讓他長久安心存股的名單，應該要有抗跌又衝得高的特性。他自嘲：「股票要是投資對了，晚上才能睡得著、年紀大了才不會得高血壓。」至於，會跟著上上下下的股票，不是說它們不好，其實它們的殖利率相當高但是長期抱著這些股票，情緒也跟著起起伏伏的，三不五時要去看盤關注一下，跌得太深他又覺得心疼，像這種股票，在太平盛世沒什麼差別；但是在股市震盪期，對於小洪這種年紀越來越大、又是個「玻璃心」的單身投資人，心情就影響很大。

所以，他知道在往後的日子中，要讓這兩類股票盡早在高檔時賣出，落袋了心更安。隨著年紀越大，越要簡化持股名單，並且慢慢完全出清手邊存股。未來他想用這筆資產成立一個獎助學金造福弱勢的學子。

第七招：觀察自己的交易頻率如何被影響

有許多研究顯示，投資人的交易頻率越高，不見得帶來越高的獲利，反而，頻率越高越容易出錯。另外一個問題，你知道散戶和主力，在股市交易頻率的差別嗎？國內學者曾經過作一個研究，當一個上市公司公布業績之後，如果業績不錯，散戶的反應熱切又立即，隔天就馬上買進，並且熱情持續數周。然而，當大戶看到同樣一個業績，反應卻恰恰相反，甚至還變的更冷淡，冷淡到把股票賣出。一齣齣「散戶與大戶的距離」的精彩劇情經常反覆在交易市場上演著，你知道箇中差別後，會很驚訝嗎？

過度交易通常是因為以下幾種情緒和動機而引起，例如：

（1）**害怕、不安全感**：害怕損失；投資者藉由多次交易以彌補價差損失。

（2）**興奮**：當市場有波動時，投資者可能會在沒事先分析風險的狀況下，就想開戶交易，把市場交易想成是件簡單的事，認為自己可以從中獲利。或者，投資者錯誤地認為自己擁有比其他人有更內部、第一手的消息，這些消息可以讓他獲利。

（3）**貪婪**：當投資者從一次獲利經驗中得到滿足感，接下來會想賺更多錢。有些人想進入市場投資，是因為沒有錢、急需用錢，因此想利用高風險的投資方法迅速獲利；還有一種人對投資有一些些瞭解，但是沒有具體而長遠的計畫，因此容易因市場稍稍波動而牽動害怕、恐懼、興奮、貪婪的心情，因為上面這兩個原因投入市場交易的人並不少，這樣的動機，就很容易引起錯誤交易。

凡是交易出於害怕、貪婪、興奮，交易頻率容易被影響而提高。其實，一年當中，只要有少數幾次好的交易，就可以讓一年的獲利良多。其他時間，我們可以拿來研究有潛力的標的物、研究市場、和朋友交換經驗、休閒，時間運用會更健康得多。交易次數過於頻繁等於自己的時間和專注力只放在投資和交易，生活範圍狹小。

好的投資者需要耐心及鎮定冷靜，這才是投資成功的關鍵。不要太頻繁地交易，適度休息。衝動的情緒永遠是打敗投資者的最大敵人。我們應該要求自己，讓設定的交易頻率切合投資計劃，才容易成功。

台灣自從二〇二〇年十月開始推動盤中零股買賣，零股的價位會比整股高一點，但好處是每次小筆小金額的交易，對保守謹慎的新手而言，心理負擔較小，新手投資人可以多利用零股買賣累積投資經驗，同時利用交易日記，記下每筆交易時的情緒狀態，以及交易次數、交易結果；瞭解自己的交易頻率是否導致更多的錯誤、造成賠率提高。避免讓情緒在投資交易時占上風。

如果發現自己的情緒主導投資的行為，應該要告訴自己更自律。除了交易次數統計，也應同時記錄自己一天花多少時間專注於交易訊息，以及長時間會否提升投資成本，例如：去證券交易所看盤、隨時盯著電視看指數等。

第八招：投資及早開始，時間拉長投資成本越小

當我還是個國小學生時，有位同班同學，每年生日都會拿到一張股票。到了快畢業前，我才知道他媽媽是銀行的經理。在我們這一班中，他家的經濟條件應該是優於大多數同學的。他的家庭教育，比起我們這種無知懵懂的毛頭，有機會提早接觸財經知識。在那網路沒有開通的年代，股票消息不是隨手可得，他媽媽會跟他分析哪家公司業績好、今年的生日禮物想要什麼股票。

到了國中，班上恰好很多同學都是獨生子女。有位同學因為從小體弱多病，爸媽常常得在醫院守著他，陪他度過難關。基於這種擔心，而不敢再多個弟弟妹妹，那時沒有全民健保，怕他的健康拖垮家庭，從小幫他買了不少保險，包含：醫療險、儲蓄險、年金險，打算家裡沒錢付醫藥費時，可以從這筆錢拿出來。幸運的，那位同學，長大到現在還好

好的，因為家裡從小幫他買了保險，無心插柳柳成蔭，現在他只要省吃儉用，不用辛苦工作，已可以有保險帶來的微薄被動收入過日子。如果他選擇辛苦工作，除了本業薪水之外，再加上他的保險提供的現金流，等於是他有額外加薪。

我這兩位同學，並非含著金湯匙出生在富貴人家，只不過比一般人條件好一點點。他們的家庭環境讓他們從很小就慢慢接觸財務規劃的觀念，在那個年代，這些觀念或許還不盛行，所謂的「財務規劃」對他們而言其實只是一種誤打誤撞的結果。等到時間拉長了，資產累積的價值就出現了。他們不用出生在富裕人家，但是他們過去的努力累積出現在擁有的現金流，讓他們在經濟蕭條的時空中，仍然可以安安穩穩過著小康生活。

第九招：寫下交易紀錄，檢討牽動決定的盲點

你是否有一群可以互相交流經驗的朋友？我個人是有這樣的友人；

我們曾經在聚會中討論過投資交易的盲點。我們對盲點的第一個觀察是，當我們還是個不夠理智的投資者，我們就越不在意記錄交易筆記，交易過後我們不想浪費時間反省整個過程，只想等著收割。這群朋友當中，有些甚至主觀的認為反省本身就是種累贅；於是，我們可能會犯下更多錯誤。

越是懶於記錄、自認為這種筆記不重要，越是容易於投資上出現盲點；我們甚至可以說，懶於記錄筆記，本身就是個大盲點。隨著我後來的投資決定，越來越理智，我更可以體會交易記錄的重要性：最重要的不在於記下來的東西，而在於沒記下來的東西；沒記下的內容可能是更大的障礙。

當我們投資交易經驗越豐富、吸收的交易知識越多，每筆交易的決定將越周延。交易時的筆記越能記得詳實清楚，表示交易時思慮越周延。所以我過去不記錄、記不出有內容的細節，表示我過去做決定時並不謹慎。

除此之外，我還會記錄一般交易記錄沒有的細節，包括當下的心情和動機。投資的道理不見得深奧；最主要原則是「高賣低買」，幾乎人人都懂。但是啟動「買和賣」之間的心境及動機，變化很細微，相信即使學過心理學的人，仍然不見得能夠覺察及分辨得出來。妙的是，細微的內心變化，卻可能深深影響知識經驗皆豐富的投資者，剎那間做出不聰明的決定。

我的很多朋友過去並沒有刻意記錄投資當下的情境變化和想法，因為我們認為太枝微末節，但是我們錯了。後來我們發現，想要迅速揪出投資的盲點，有幾個重要的因素：

（1）**充實正確的投資觀念**：有相當程度的正確投資觀念，會讓我們在做決定時盡可能謹慎、面面俱到。如此一來，投資較不容易出差錯；這是成功的第一步。

（2）**觀察情緒和念頭**：注意什麼情緒和念頭讓你急於獲利，請參考第二章。很重要的是，一堆朋友的共同經驗都直指「貪心」。以後聽到巴菲特那句：「別人恐懼，我貪婪。」請把這句話修正成：「別人恐懼，我保持理智。」遭遇股票大拋售的時機，大家都恐懼，我們還是要保持理智和客觀的判斷，評估自己有沒有能力接住掉下來的刀子。狂接刀子之後影響正常工作、讓心情忐忑不安、失眠，不如不要接。怕賺不到嗎？人生很長，賺錢機會有的是。想搶時機讓財富翻轉？越急越會翻到陰溝裡。還是讓心淡定一點吧！

（3）**觀察外在環境**：外在環境帶動投資情緒，做下錯誤決定。以一個投資新鮮人來看，如果他屢次打開網站，四處都能跳出來「暴利」「狂賺」等廣告字眼，看了著實很難不心動。現在投資的年齡層下降，國高中生、大專生都可能開始加入投資行列。投資新手如果周遭充滿這類強調投資、不管多頭、空頭，都鼓勵投資的訊息，可能容易低估投資的高風險。財經節目、專家、證券商，不見得會有時間把投資背後的風險，一一講清楚，投資者自己要理性分辨。

第十招：讓家人或財務機構代管資金

既然自己是自己最大的敵人：內心總是容易受到影響、雙手總是想上網查股價，總覺得市場呼喚你的聲音，在心底不斷迴盪，久久揮之不去。那麼，擊破心魔還有一個方法，就保持眼不見為淨，不要讓自己有機會經手、有機會時時過問「投資現在如何如何了」。將自己的投資找個替代方式：交給一個信任的機構，或是家人保管吧！圖一個身體健康、事業順利、一覺好眠，讓生活變得簡單些，也給家人多點時間互相陪伴。

我周遭有些老一輩、年長的退休朋友，自認理財經驗不甚豐富，所以把一筆資金放在銀行，交由銀行理財專員代為操作，他們朋友之間，定期相約去關心一下，之後去喝個下午茶聚聚，彼此關心，這就可以規劃出一天的行程，聽起來也是挺愜意、又精實。

誰說理財、投資，一定要把自己搞到神經緊繃、心情跌宕、焦慮失眠呢？把焦慮和失眠的壓力交棒給銀行，自己可以神情氣爽些。當然，交給銀行代為操作也並不一定就保證資產會長大，但是自己管理也是有賺有賠，不是嗎？殊不知，銀行幫我們理財的專家們也是付出相當大代價，很多銀行界的理財專家，也是認真完成客戶們託付的理財責任啊！

二〇一九年催生的「好享退」全民退休投資平台，我從旁瞭解，推出旋即造成轟動。我大致瞭解了一下，這個退休平台就是由專家代為操作，讓有意規畫退休準備金的人，提早以定期定額的方式，為自己的未來退休支出做準備。這種方法或許就適合情緒容易起伏、總是看不準標的物、又想為自己的將來做好準備的人。這個方法應該最能讓自己保持淡定的繼續好好工作、好好生活。或許這就是一種可以替代自己投資的方式?!

如果恰好有一個支持你、信任你、又會理財的家人，如果你放心讓家人幫你代為保管資金、幫你操作，那真的很幸運。我從有記憶以來收到的壓歲錢，從來都被家人收起來存進銀行裡，年紀一到，我把帳戶的錢拿出來，完好無缺。最後，這筆錢夠我拿去買教科書、付學費。

很幸運的，那十幾年來，我從來不用擔心錢會不見，甚至我都忘記還有家人幫我開戶存錢這件事。不過，當然這筆錢是小錢。如果你有幸有家人懂得理財、你又信任他，把資金請他代為管理，你本身可以不用整天盯盤、操作，吃得好睡得好，那種投資有什麼不好?!

CHAPTER 6

情緒和動機投射出理財成果

在金融市場中，每個人駕著一艘船出海冒險，如何順利到達目的地並且完成任務，運載貨物成功回航，不只考驗船長的駕駛技術、船長對茫茫大海的瞭解、對氣候變化莫測的解讀能力，也投射出船長個人的情商和智商。船長如果想完成任務，除了得具備能夠在大海生存的技術，對自己的個性和底線也必須有相當的瞭解。

所以，當提及理財、投資，我認為和情緒、個性、人生觀，有著密不可分的關係。每個人都是自己人生的掌舵者，自己的決策背後整合了個人的專業、經驗、情緒、個性、人生觀。舉例來說，在股票操作時，很多時候下過一個決策可以當下立即就看到結果，透過每個財務行為，我們可以更瞭解自己的人性、抗壓度、專業上還有哪裡的不足，在下次做決策前把錯誤修正及改進。

穩健、多元

每個人都是自己在未知大海中的掌舵手，如何在大風大浪中，仍能平穩航行抵達彼岸？我認為需要具備「穩健」及「多元」兩種元素。投資多元分散，有助減少市場變動下產生的風險。對於一個容易因為情緒而影響投資決策的投資人，建議將資產多元分散，不但可以減少孤注一擲的風險，也可以因為資產平衡相較不受世局波動影響，身心仍可以在變動環境中，維持平衡，減少自己落入貧窮的危機。

一個人的性格和投資的行為，是否真的相關？我曾經觀察過某些大學生，秉著自己的小聰明，上課如果突然叫起他們針對教學內容問答，也能對答如流，講出大概的重點。學生對自己有信心是好事，因著這個自信讓他們上課時常在滑手機、常常坐在教室最後面忙自己的私事。即使我提醒他們不要分心，學生們仍然堅持自己的學習習慣。

如果我是個對自己過度自信的學生，一開始我自己也可能因太過自信而不知不覺地輕率和不夠穩健，但是經過挫折和檢討，我會修正想法和行為。因為我知道帶著過度自信的態度學習財務、交易，以及市場的運作，我恐怕很難逃過每次的風浪，更別妄想安全度過金融海嘯。

在寫這個章節的當下，很多學生正面臨學校的畢業季。時值二〇二〇年初，剛經過年初的金融市場大怒神，隨後雜誌和新聞陸續指出，依據二〇〇八年的經驗，二〇二〇年的畢業生，起薪可能較往年低、且工作機會少。如果我是這一年的畢業生，不禁會思考：我該怎麼養活自己；如果有畢業生問我這個問題，我會如何安撫他們的求職焦慮感。

同時，在我們周遭的同事圈、朋友圈中，有的人在職場上遇到瓶頸，有的人則是抱怨薪資低、升遷不公平。此外，我有一位從學士、碩士到博士，一路都是一流國立大學畢業的親人，研究成果也出色，居然錯愕地被學校解聘。面臨中年，這位親友頓時失去人人羨慕的公立學校教職工作。看到他的例子，我不禁思考，無論過去有多努力，誰都不見得能保證自己不被「職場黑天鵝」突擊。

回顧二〇二〇年的畢業季，當時很想告訴畢業學生，處於一個通貨年年膨脹的時代，多學會幾種專長，再加上學校四年的專業教育，在社會的生存機率會更高。多一些專長和興趣是給自己的人生多點選擇，更有資格過自由自在的生活。直到二〇二〇年，雖然曾經經濟一度被疫情影響，我的收入因此有所減少，但是，我到年底，還是把收入的將近65%存了下來，而且存在不同的資產項目，為我往後的生活打下平穩的基礎。即使遭遇金融海嘯突襲，我也能在大風大浪中僥倖存活。

為什麼我能在疫情之下還能存下65%的收入？一方面是我「夠用就好」的原則，使我不會奢侈浪費。另一個原因是我的居住環境。

簡樸的環境造就簡樸的消費

我喜歡觀察周遭的人，我把我居住過的環境做了觀察比較後，發現環境對人有潛移默化的作用。我目前住在相當清幽的小鎮，可稱得上是偏遠地區，在這之前，曾經待在中部一段時間。所以我搬到偏鄉之後，對兩個城市的強烈對比，感受極度深刻。

過去我居住的環境相當熱鬧，稱得上是市中心的學區。文教區的餐廳和手搖飲料店林立，而且經常每隔一年，店面改朝換代，身在其中的學生常常可以變換品牌，嘗到新口味。每當夜幕降臨，華燈初上，閃閃發亮的店面看板，相當吸引顧客的眼光，駐足欣賞或購買。

除此之外，我住家附近還有三、四家便利商店向顧客們招手。商店內部陳列的商品、加上不定期推出的特價活動，讓人不想掏錢都難。說真的，上了一天的班，真的很想進去吹吹涼風、透過購買小物幫自己紓壓；這種生活我將近過了十年。

直到我近期搬到一個較偏僻的鄉村，我深深體會兩座城市之間，對物慾和購買力的影響有多麼不一樣。從我現在的窗戶望出去，前面是兩大片農地。農地種的是鄰居的蔬果。我四周的鄰居大多都是中老年人，一早四、五點就去農地翻土、澆水。我的四周完全看不到前一個城市的各種便利商店、手搖飲料店。晚上更是一片漆黑，只有蛙鳴和蟲聲。如果我想消費，還得開車出去。一路上黑夜伴著樹林，還有古厝，三分鐘下來，購買的慾望已經被澆了一頭冷水，理智被迫占上風，打擊我的消費力。

以往和朋友在中部聚會，彼此約在咖啡廳或餐廳。到了小鄉村，選擇性和六都比起來相較少了許多，最後聚會都是我下廚，邀請朋友來作客。省下不少聚會的消費。這邊又沒有大型購物中心，讓平日已經不愛買的我，更多了一個藉口不用花錢。

過去住在北部和中部，停車是大問題。每個月上班還得花一筆停車費。對比我現在的小鄉鎮，幾乎處處都有無人使用的空地能隨時停車，買屋時不需要刻意買車位。回到家能夠就近在住家附近找到安全的免費空地停車。這對身為都市人的我，便利性的感受和好感度立即提升。下班不需要傷腦筋找車位、找到車位不用繞一大圈回家、車停好之後不用擔心空間狹小被路人擦撞，是提升生活品質的好感度之一。經常性的生活開銷又省了一筆。

我在這個堪稱是福地洞天的村莊住久了以後，終於體會到，為什麼我來之前，曾經看過某一年的媒體報導，這裡的平均所得曾是近年的全國前五名。且家戶儲蓄曾是近年全國第一名。身歷其境之後，我個人歸納是生活環境因素功不可沒。無怪乎，周遭的鄰居一個個看起來都那麼純樸，但是私下很多都是在地的地主，不然就是外地的包租公、包租婆，因為克勤克儉加上環境因素，鄰居們的收入都一點一滴累積轉換成土地或房產等有形資產。

提及這個耐人尋味的個人經歷，想說明的是環境對消費支出行為的影響。我在學校曾經跟學生分享過行為和環境如何交互影響。這就是個很實際的觀察和體驗。每次茶餘飯後和朋友分享完，我的朋友除了覺得有趣之外，也只能說不可思議，因為這是從小到大生長在都會區的我們，從來都料想不到的另一種生活。

投資自己，自己就是貴人

我有一本投資筆記，在個人資產負債表左方，有一類是自我投資的無形資產，投資出來的產出，成為我的專長或技能；對日後開闢多元生涯的貢獻功不可沒。

我的大學專業訓練是助人，偶爾在徵才訊息上看到一所科技大學應徵兼任輔導教師，我便投履歷試試，沒想到居然一試就上。接下來，我連續在那間學校兼任了大約兩、三個學期，都是利用短短的休息日之一。因為那是一個不同於私人機構工作性質的另一個職場，見到的是活力充沛的大學生，心態上頓時愉悅了起來。雖然每次我來回往返的時間很多，但是心情非常喜悅。

同一時間點，我於徵才廣告上另外找到三個教語言的工作。我曾經有兩年在海外不斷寫報告、不停說英語的學習環境，耳濡目染之下，語言能力還算不錯。回台灣，我為了不讓自己的語言能力退化，開始替自己設定目標，報名IELTS檢定，要求自己至少考到7.0分。

我日夜準備，連假時整棟大樓都出遊了，只有我在讀書，這麼做只是為了給自己一個理由提升語言水平，不為其他目的，也真的在一連串努力之後讓我達到設定的分數。後來我找到機會教學，透過教學相長，同時又提升自己的能力。當時找到了三個教學機會，一個是教成人英語檢定，一個教國小英語，一個教中文。對象不一樣，教學方法自然不同。身體可能會累，但心情並不會。每次去見學生時，心情又是一種可以下班後喘息的興奮。

後來，我進入另外一所機構上班。時間變得沒有那麼自由，好處是有周休二日，休息時間正常化。從緊湊的時間表變成固定周休二日，我發現安安穩穩的環境讓我變安逸了，反而有點不自在。我還是喜歡趁活力充沛時，過著步調快有緊湊的生活。當閱歷漸長、經歷的人事物越豐富，越能感受到時間比黃金寶貴，要珍惜時間的主導權。

就在進入這個機構沒幾年之後，因為我的好奇心和愛冒險的個性使然，讓我再次踏上斜槓之路，報名政大IMBA。考上之後，本來以為可以一路順遂盡早畢業過關，但是學校在台北山區，我在中部上班，因此又只好用自己的假期、加上調整上班時間，拉長兩倍的時間，才總算拿到畢業證書。回想起來，那四年，每次下課時趕最後一班高鐵回台中，到家已經十二點，晚上還要趕學校作業，隔天又要早起上班，那幾年失眠的夜生活，既刻苦又刺激，卻精實刻劃在我的記憶。

往後，我又陸續趁工作休息的空閒時間，去考幾項對我有點挑戰性、有點門檻、不那麼容易輕鬆取得的證照，增強自己選擇職場的能力，而非是等著職場來安排我。包括：技術士技能檢定、高考、英語檢定IELTS、華語教師資格。這些證照對我日後開闢正職之外的工作機會，幫助相當大。其實，證照考試就算沒有經濟加值上的效果，光是應付考試的過程，也是一種人生經歷，拿出來和人侃侃而談，也能衍生出許多有趣的共通話題，交到同樣興趣的朋友。

夠用就好是生活平衡美學

「夠用就好」是我的生活態度。它就像我的護身符，讓我不會貪婪、躁進，這應該是我在金融海嘯震盪下，還能心情平穩的原因之一。講求夠用的前提，必須是合理消費但不浪費；而且我行有餘力就捐款。夠用的原則在這些前提下，變得進退有據。

「夠用就好」的生活態度絕對不會讓我一夜暴富，卻能讓我維持平穩生活。例如，年初疫情剛開始時，已經有許多投資客抓準在起漲點取得先機搶攻口罩股，但我即使知道它們未來幾個月會一直上漲，我仍放棄這個短線機會，堅持我的長期理財目標，所以並沒有加入跟風的行列。話說回來局勢又變，雖然現在疫情戰線拉長，但因為股價仍居高不下，我也不會去追高。

人性有時是錢來得快、去得更快：錢來得太快，便不知珍惜，還不如靠自己一點一滴累積，培養謹慎運用的金錢觀。除了自己夠用，更要飲水思源，有句話說：「取之於社會，用之於社會。」因此，每年我會捐款五位數到六位數不等回饋社會。

記帳且分析支出檢討消費

平日我有記帳的習慣，持續記帳下來仍然要做點功課，分析自己最多的消費行為在哪方面，盡量減少不該產生的支出。我最大的花費是食物和交通。過去，我誤會自己烹飪可以減少開銷，經過記帳分析之後，明白自己在外面買簡單的幾樣熟食反而更划算，之後我為了減少支出，而修正自己的消費行為。

在合理範圍內，凡事自己動手

不記帳時，想買什麼就買什麼。人在中部時，我的住家樓下是一間間耳熟能詳的手搖飲料店，每天推出各有特色主打商品，每次經過店面，就會隨手想來一杯。離開中部之後，受到周遭環境影響，我已經沒有那麼便利的消費途徑，但有時還是會想喝點不一樣的飲料，只能自己在廚房煮一鍋波霸、自製飲料。招待朋友我盡量自己動手下廚、做點心，減少去餐廳消費的機會，一堆朋友在自己家裡聊天比去外面自在。

自己動手搬家後開始體驗極簡生活

從大學時期到目前為止，我搬過大約八、九次家，幾乎每次都是自己搬家，或是找朋友和我一起動手，包括我從中部搬到現在的小村莊，我選擇最省錢的搬運方式。很多物品都是靠自己打包，運送到我住的地方，沒有請過搬家公司。

學生時期，一開始我不瞭解搬家的痛苦，所以也曾經隨心所欲，想買就買，直到我開始自己動手打包、搬家、清點物品後，我覺察過去浪費了不少買了沒用的東西。那種成堆的東西還能用，但是帶又帶不走、又得費神思考安排去處的問題，比期末考試還燒腦。從那之後，我的隨身物品隨著搬家經驗豐富，一次次簡化到極簡，買東西前都會考慮使用的長遠效益，避免未來為收納整理傷神煩惱。

從不花錢的方法找尋小確幸的創意

可能大家不太相信，我從五年前開始，我就沒有裝第四台或三台。後來，電視變成我的擺設之一，從來沒開過它。甚至，我這幾年，進住空間根本就沒有電視，所以我不需要繳交有線電視的費用。但沒有電視，不代表沒有娛樂。我沒有電視但是我接收的資訊相當豐富，多虧網路發達，上網利用Google 和 Youtube，接收即時訊息的能力不亞於二十四小時新聞台。

我開始常常出去和不同人接觸，有的是陌生人、有的是熟悉的朋友。去認識陌生朋友時，我會把朋友們居住附近一路上的環境、景點，探索一遍，打卡拍照認識新的風景。我當成是開車去兜風，我發出來的照片角度特殊也曾博得許多關注。有時朋友會告訴我，他對自己居住環境的認識甚至不如我。

我的車子已經有十六年的車齡，曾經出過兩三次意外，後來定期保養、定期換零件，目前仍然沒拋棄我，所以我也沒拋棄它，雖然我知道我可以不費吹灰之力買更名貴的車。

我聽一位商學院教授說，他在商業性雜誌社當主編，每隔兩三天就會看一本新書。有時候，進圖書館借書、看看一件事不同人有不同說法，替自己的論點找支持或反駁，泡杯咖啡，幾個小時就這樣過了。這也是一種不花錢調養生息的方法。

不曉得該不該這樣說，假設有一天最壞的狀況都發生了，當所有的理財方法和投資工具都失靈，工作想找卻又找不到，就像二〇二〇年年初的美國一樣，這時候度過難關的重要生命蘑菇，就是耐得住儉約。

夠住就好，好宅勝過豪宅

我的資產負債表左邊，有一項固定資產是房屋。我買房子以自住為前提，之後才會考量是否能夠增值。不能增值，至少也要保值，所以投資不是我最主要的考量。但是我會考量地點不能過於偏避，最好鄰近有學區，對生活機能和生活品質也是加分。

除了自住的考量，我以自己可以負擔的價位為主。搬來鄉間之後，我一開始先住在一棟全新的電梯大廈，一個月的房租就去掉將近三分之一的薪水。簽約之前，我已經先預告房東，我只打算住半年。我便趁這半年內盡速找到經濟上可以負擔的新房，總價大約只有三百多萬，最大的好處是，我不用再幫房東付每個月的房貸。

的確那種動不動上千萬的豪宅，富麗堂皇、明亮寬敞，住起來相當舒適。但回頭想想，這種居住環境不見得適合每個人。畢竟，這樣的居住空間可能是朋友們全家共聚、或將來要留傳給子子孫孫的長久家族資產，當然他們會傾盡一生的氣力，達成眼界所及的盡善盡美。

我也看過不少好房子，又大又寬敞，可惜這樣的空間沒有好好清潔整理，反而家中囤滿衣服、貨品，讓生活空間被雜物占滿。空有豪宅名義卻無豪宅實質享受。最後，我還是選擇適合自己生活條件的好宅，避免造成自己長期的貸款，使我的現金更自由使用。

我現在居住的區域雖然不是在市鎮中心，但是騎車、開車到鬧區只要三分鐘，生活不會不方便，還能同時迴避街道的吵雜車聲、人聲。來了幾年之後，慢慢有建商注意到這附近的生活便利性、地價相較鬧區便宜，短短不到一年，一下子就蓋了四棟大樓。

我在中部也是選擇類似條件的房子居住。目前那棟好宅大約有二十年屋齡，購買時大約也只有我當時能負擔得起的三百多萬，住久之後，後來還曾因為管線出問題大修。室內坪數並不算大，只有三十幾坪。當時旁邊還沒那麼熱鬧，後來這二十年間，周遭環境漸漸經過開發、整治，附近逐漸有了一些規劃過的打卡景點，特別節日還有刻意妝點的裝置藝術。

經過時間證明，我看地點的眼光不會太差，但是，蛋白區房屋的增值空間，確實需要一些時間等待，可是，話說回來，是否增值，不是我一開始的購屋目的。日後，當我離開中部，我把那間房子出租，對我往後在外地生活的安定度，貢獻不少，至少我不用到了陌生地區，還要擔憂每月是否能繳得出房貸、每個月定期收到的房租，也能支持我在陌生環境的部分開銷。所以能讓我生活穩定、夠住、夠用，才是我當初的考量。

節流還要開源，增加現金流

即使我已離開朝九晚五的工作，直到目前，只要有機會我仍然想開拓不同的人生舞台。我離開中部之後，搬到現在這個曾經陌生的城市，過了一段時間，較熟悉在地人脈，便開始詢問是否有不同工作的機會。這個機會最好和我的專長相關。我的人生如果不是花在培養專業，我就會尋找發揮專業的空間。兩者互相交替著，讓我有工作之餘的喘息空間。而且我後來培養的專長都不見得和工作相關，這樣我可以製造奇妙的化學反應。

我問到了兩、三個兼職的機會，讓我在工作之餘創造了更多的現金流。我視這是工作之餘的紓壓活動，紓壓又可以增加收入。多一、兩種專長、有了工作之外的舞台，等於讓自己握有「選擇權」的優勢。不需要像其他人，抱怨升遷不公、抱怨時薪微薄、工作過勞，可是卻沒有任何突破限制的行動。嫌工作多、嫌環境刁難，多幾種專長，讓自己有了選擇權，你就可以選擇工作、選擇環境、選擇你想要相處的同事。

善用時間可以幫自己創造更多機會。在COVID-19疫情大流行期間，全世界各地的人都無處可逃，只能待在自己的國家。那段時間我很無奈，預計該進行的計畫都被打斷。

我那時已經離開正職工作，疫情促成我的時間變得更多。當時，我的心情一部分是焦慮。悶在家的時間，生活似乎失去了目標，時間變得不知道該怎麼運用。當然我有自己看書、收集資料、進修的安排，但是我因為早睡早起，當我看完書找完資料，時間還是剩很多。

後來，我認真地想要突破，開始好好思考規畫該怎麼運用這麼漫長的時間，於是開始把我對理財的一些經驗和想法，做歸納整理，完成了上萬字的稿件。開始了一個我從來沒有想過被當成主題的企劃。疫情之下，我的人生開始了一部意外插曲，斜槓出一個我還不太習慣的新身分——作家。不敢說這個身分會為我帶來什麼創造性的收入，收入也不是我的初衷，但是它替我多開闢了一個可以分享的舞台。

於是在幾個月的疫情肆虐期間，我充分利用時間，打鐵趁熱，一早便開始安排一天的寫作任務。有時失眠睡不著，半夜兩點也會爬起來完成；極有可能在我未來，不見得再有這種天外飛來一筆意外插曲。

這例子是想分享，生命有限、光陰寶貴，一定要找事情讓自己有意義的生活。至於什麼是有意義，每個人的訴求重點不同，但就是不要在漫無目標之中，白白虛度過去。

存股殖利率高過銀行定存

在鄉下買了小房子之後，我的賬戶數字變少了。靠著當時還沒辭職的工作、兼差、一些些房租收入，陸續又慢慢地累積一點一滴的存款。過了一年半之後，我便開始斟酌這些存款要不要繼續放在銀行。現在的銀行利息低，放銀行難以對抗通貨膨脹。朋友建議我去買保險，但是現在保費高，買保險只是比放銀行好一點點。

猶豫了好一陣子，我決定把這些零零星星的積蓄存入股市。猶豫的原因是，因為工作和兼差，已經把我的時間用得差不多了，我只想好好休息。加上，我的工作性質和投資完全就像兩條平行線，因此對股票這投資工具沒花很多心思在上面，不可能像商界朋友一樣，隨時都能自然而然地把工作和理財無縫結合。

再者，我的工作性質，讓我看遍太多的人性弱點、體會到慢活和樂活的珍貴。有人為了一時的貪婪，執著追求高額獲利，反而失去平靜的生活，這不是我想要的。我並不想因為盤勢起起伏伏的波動，打亂我的心情，曾經這個投資工具被我邊緣化很久。不過，我自己同時體會到，手上握有一些股票，可以不讓辛苦錢變成壁紙，還能夠喚醒宅男宅女多關心世界財經時事，減少一點不食人間煙火的冷漠感。

自從我做了決定，要開始磨亮股票這個工具之後，起初我還是觀望了幾個月，沒有馬上動手。直到我辭去朝九晚五的工作，恢復自由之身，真正開始對自己下的決定採取實際行動。經過上面提到的前提思考，我的交易原則一樣是夠用就好、不貪、不躁進，不要打亂生活作息，我不要總是把時間耗在關注數字跳動，寧願等到合理價之後再一點點買入。

我依據我的條件設定適合我自己的股票，最後從0050和0056當中的名單，選擇幾個股價我能接受、大約殖利率5％的股票慢慢累積，省下來的操心和力氣，我可以過自己想要的生活。我並沒有買高價位的股票，雖然這些股價會這麼高，背後隱含的意義多多少少表示成長性具有潛能。但是我瞭解自己的個性，它們一旦從高價位掉下來，我得承受被套牢的壓力、要花更多時間研究和操心，就違背了我當初存它的動機。

存股主要是為了領股息，有了股息，能支持我部分的日常開銷。我決定了投入股市的動機和標的物之後，我依然得定期研究這些標的物的變化及趨勢。好處是投入的時間可以不用這麼多。不同類股，我也都各累積一些，到目前沒也特別重押在那一個標的。用這種方法，有點未雨綢繆的規劃，因為沒有人能肯定還會不會有再一次的大海嘯。當時，在海嘯過後，金融市場仍然餘波蕩漾時，我觀察我的作法讓我比幾位砸重本的高手朋友，心臟跳得更平穩、晚上可以睡得著、不用擔心要跟親友借錢過日子。

黃金是避險工具平衡調節資產配置

我認識一位喜好收集古董錢幣的八十多歲高齡長輩，有一次他送我一個中間有洞的骨董錢幣。這個古錢幣大約是四百年前，明朝時曾經極大量發行，且通用過的古錢。我拿到之後，上網查過它的收藏價值，所有的訊息都指出，這個錢幣雖年代久遠，堪稱古董，但因當時大量發行，導致它在二〇二〇年仍然隨處可見，還能夠透過網購取得，可見得它並非罕見的稀世珍寶。一個骨董錢幣歷經了四百年的滄桑，沒有抬升到古董價位，反而只值三十五元台幣，我從這個有趣的經歷，親身領略到，鈔票可以不斷加印，黃金卻能避險的道理。

在我資產負債表左方，有一項避險型資產，就是黃金。我買的不是實體黃金，而是黃金存摺。當時買進黃金存摺後，便一直擺著，沒有特別在意它，用意只是為了抗通膨。這是有點好笑的理由，因為那時還不懂怎麼理財，多是聽專家講，不會自己判斷。黃金存摺買進之後，幾年間歷經價位上下，都沒有到一個我想出售的好價格。於是就一直擺著。

它既不能生息，如果買進價格太高，也不容易立刻回售。有時候看著它就像是個裝飾品。直到二〇二〇年初，遇上了疫情引起的金融大怒神，我最明顯的賬面損失是股價。雖然我的股價變低，但是黃金存摺的價值在此時顯現出來。當時的黃金價位從最低到最高，一公克可以差別至四、五百元台幣。發揮了資產配置中調節、平衡的避險功能。當時，我慢慢地趁價位高一點時就回售一點，最後還剩一點在賬戶中。後來我把回售的錢拿去修漏水的屋頂，不無小補。

經過這一場經驗，個人認為：趁黃金回到低價位時，可以適量買進一點黃金存摺當避險工具，但是要有心理準備，既然只是避險，那麼，一存可能要存上好一陣子，所以不需要太多，以免影響資金靈活運用的程度。也不見得每個人都像我可以這麼佛系、淡定。這是我的個性使然，產生出適合自己的方法，不見得能套用在每個人身上。

可是還有沒有其他替代方法？我個人認為，如果有穩定的房租收入、鐵飯碗般的工作，或是有高純度的黃金飾品，也可以替代黃金存摺避險及平衡的功能，不至於在遇上黑天鵝，所有資產都貶值時，生活品質大為下滑。

買保險合適嗎

這個問題見仁見智，但是最後是否適用在每個人，需要個人就自身的條件去判斷。我有買過一些儲蓄險和意外保險。意外險是為了突發事件發生時，提供生命及醫療保障而購買。對於個性相當謹慎保守的人，我曾經認為保險是不太傷神的理財工具之一。可以從嘗試儲蓄險開始。

所謂保守、謹慎，是因為不見得每個人都有時間照顧自己所選擇的投資工具。有人真的忙到沒時間好好吃飯、休閒。等到開始想到自己還有做過什麼投資時，再回頭檢視，當初投入的資金已經被腰斬了。因為投入工作相當勤奮，也不見得有時間鑽研學習效益更佳的投資工具。

像這樣的朋友們，我在過去接觸過的工作職場中，觀察過人數並不少，有些可能是做比較基層的工作，有些是工時長的服務業。過去也沒有機會接觸理財相關的訊息，甚至不太可能去聽一些演講或翻閱書籍。像這樣的朋友，我會建議先從最謹慎的方法開始，等到熟悉較有效益的工具之後，再把錢轉到自己熟悉的工具去放大。

不斷觀察挑選適合自己的工具

PTT曾經有個主題引發網友討論，討論的結果是「心如止水」的人，較適合使用股票做為理財工具。我有個朋友，十多年前在台北擺攤賣早餐，飯糰、三明治、豆漿，樣樣自製。十幾年前的他，靠推銷的嘴和勤勞的汗水，一個月就淨賺六至七萬元，養活一家四口。他為人熱心，國小沒畢業，但手藝一流，總是不藏私地教導一群經濟困難的朋友們如何賣早餐維生。這個朋友，直腸子藏不住話，講話有台灣國語腔調，很少看他安靜下來。我長期以來看著他、觀察他、和他相處，這樣子沉不住氣、活潑好動的人，是否靠自己的手藝、吸引加盟更多早餐店，腳踏實地的經營，效果更勝金融市場的工具。

他和我另外一群靠腦力的朋友，感覺起來，個性就大不相同。我那群朋友不見得需要勞力，但是相當消耗腦力。他們相當冷靜自律，像是你會在國際象棋賽中看到的奪牌選手。奪牌選手的頭腦不斷地在規劃和超前部署，棋局中的喜怒哀樂都會自己消化過，而且情緒不張揚。

我舉這兩個有趣又有點反差對比的例子，提出假設性疑問，沒有給任何標準答案，用意是想分享一個觀點：每個人的氣質都不同，瞭解自己適合哪種資產累積的方法、工具，要先瞭解自己。而且要經常觀察自己使用工具的心得及使用後的改變，是否達成當初預設的理財目標。並依據目標達成率，調整、改善工具，甚至淘汰不適合自己的工具，使自己運用工具更得心應手。

參考文獻

- 田孟心 (2020), 天下雜誌 Web only. 最慘畢業生 -- 職缺驟減、薪資8年才追上學長姐，新冠世代何去何從？Retrieved 2020, from https://www.cw.com.tw/article/5100568
- 董事基金會華文心理健康網. 憂鬱症 Retrieved 2020, from http://www.etmh.org/CustomPage/HtmlEditorPage.aspx?MId=1547&ML=2
- Aaron Reeves, Martin McKee, and David Stuckler (2018) Economic suicides in the Great Recession in Europe and North America. Retrieved 2020, from https://www.cambridge.org/core/journals/the-british-journal-of-psychiatry/article/economic-suicides-in-the-great-recession-in-europe-and-north-america/DF85FA16DFB256F4DC7937FAEA156F8B
- Dayton, Gary, (2014) *Trade Mindfully: Achieve Your Optimum Trading Performance with Mindfulness and Cutting Edge Psychology*. USA. Wiley
- Diana Frasquilho, Margarida Gaspar Matos, Ferdinand Salonna, Diogo Guerreiro, Cláudia C. Storti, Tânia Gaspar & José M. Caldas-de-Almeida (2016). Mental health outcomes in times of economic

recession: a systematic literature review . Retrieved 2020, from https://bmcpublichealth.biomedcentral.com/articles/10.1186/s12889-016-2720-y

- Hila Axelrad, Erika L Sabbath, Summer Sherburne Hawkins (2017) The impact of the 2008 recession on the health of older workers: data from 13 European countries. Retrieved 2020, from https://academic.oup.com/eurpub/article/27/4/647/3966602
- Megan Elliott (2015) How the Economy Can Hurt Your Mental Health. Retrieved 2020, from https://www.cheatsheet.com/money-career/the-troubling-link-between-the-economy-and-mental-health.html/
- Melissa McInerney Jennifer M Mellor, Lauren Hersch Nicholas (2013) Recession depression: mental health effects of the 2008 stock market crash. Retrieved 2020, from https://pubmed.ncbi.nlm.nih.gov/24113241/
- Sandee LaMotte (2020) Take stock of your mental health during the pandemic Retrieved 2020, from https://edition.cnn.com/2020/05/22/health/mental-health-pandemic-wellness/index.html
- Tetsuya Matsubayashi Kozue Sekijima & Michiko Ueda (2020) Government spending, recession, and suicide: evidence from Japan. Retrieved 2020, from https://bmcpublichealth.biomedcentral.com/articles/10.1186/s12889-

020-8264-1

- Zweig, Jason (2007) *Your Money and Your Brain: How the New Science of Neuroeconomics Can Help Make You Rich*, USA, Simon & Schuster

國家圖書館出版品預行編目 (CIP) 資料

情緒投資：做自己的投資心理教練 ,20 個小資族破解心魔、理性投資的健康理財法 / 王奕璿著 . -- 初版 . -- 新北市：文經出版社有限公司 , 2021.02
面；　公分 . -- (富翁系列；24)

ISBN 978-957-663-795-7 (平裝)

1. 個人理財 2. 投資心理學

563　　110000204

文經社
富翁系列 024
情緒投資：做自己的投資心理教練，20 個小資族破解心魔、理性投資的健康理財法

作　　者　王奕璿
責任編輯　謝昭儀
校　　對　王奕璿、鄭雪如、謝昭儀
美術設計　羅啟仁
內頁排版　極翔企業有限公司

出 版 社　文經出版社有限公司
地　　址　241 新北市三重區光復一段 61 巷 27 號 11 樓之 1
電　　話　(02)2278-3158、(02)2278-3338
傳　　真　(02)2278-3168
E – mail　cosmax27@ms76.hinet.net

印　　刷　永光彩色印刷股份有限公司
法律顧問　鄭玉燦律師

發 行 日　2021 年 2 月初版　第一刷
定　　價　新台幣 380 元

Printed in Taiwan